Autor

Prof. Dr. Klaus Bichler

100 Logistikkennzahlen

1. Auflage 2007
© cometis publishing GmbH & Co. KG, Unter den Eichen 7, 65195 Wiesbaden.
Alle Rechte vorbehalten.
Cover: cometis publishing GmbH & Co. KG

Das Werk ist einschließlich aller seiner Teile urheberrechtlich geschützt. Jede Verwertung außerhalb der engen Grenzen des Urheberrechtsgesetzes ist ohne Zustimmung der cometis publishing GmbH & Co. KG unzulässig und strafbar. Dies gilt insbesondere für Vervielfältigungen, Mikroverfilmungen und die Einspeicherung oder Verarbeitung in elektronischen Systemen.

Die Wiedergabe von Gebrauchsnamen, Handelsnamen, Warenbezeichnungen usw. in diesem Werk berechtigt auch ohne besondere Kennzeichnung nicht zu der Annahme, dass solche Namen im Sinne der Warenzeichen- und Markenschutz-Gesetzgebung als frei zu betrachten wären und daher von jedermann benutzt werden dürften.

Anmerkung:
Die Erläuterungen und Interpretationen der einzelnen Kennzahlen geben zum Teil die persönliche Einschätzung des Autors wieder. Trotz sorgfältiger Recherche und Prüfung der Inhalte kann eine Garantie oder Haftung für die Richtigkeit oder Vollständigkeit nicht übernommen werden.

ISBN 978-3-938694-08-4

Vorwort des Autors

Lieber Leser,

die Verwendung von Kennzahlen gewinnt aufgrund der immer stärkeren Globalisierung und Vernetzung von Unternehmensstrukturen, verbundenen mit der Notwendigkeit zu stärkerer Transparenz, zunehmend an Bedeutung. Dabei rücken auch immer mehr logistische Prozesse in den Fokus der Unternehmensplanung und -entwicklung. In kurzer Zeit müssen strategische Entscheidungen über Investitionen, Produktionsstandorte, Make or Buy, aber auch über operative Prozesse, z. B. im Materialfluss, getroffen werden. Viele Unternehmen suchen daher nach Instrumenten, die helfen sollen, den Blick auf das Wesentliche zu lenken. Hier hilft neben dem Know-how und der Erfahrung auf dem Gebiet der logistischen Prozesse der Einbezug von Kennzahlen, um zu aussagefähigen und vor allem nachvollziehbaren Ergebnissen zu gelangen.

Die dargestellten Kennzahlen basieren auf langjähriger Praxiserfahrung sowohl als Hochschullehrer als auch als Unternehmer, dessen Aufgabe es immer war, in knapper Zeit praxisorientierte Logistiklösungen zu erarbeiten, zu beurteilen und danach auch umzusetzen. Dadurch ist die in diesem Buch vorgestellte Auswahl von Kennzahlen zwar willkürlich – es mangelt in der Logistik an einer Standardisierung von Kennzahlen –, mit Sicherheit jedoch praxisorientiert. Die vorliegenden Kennzahlen werden einheitlich aufgebaut, nach Formel, Dimension, Erläuterungen/Bewertungen sowie um Vor- und Nachteile ergänzt, um so auch über die Grenzen der Anwendbarkeit hinaus prägnant, aber auch verständlich zu informieren.

Die Zusammenfassung der 100 wesentlichen Logistikkennzahlen wendet sich nicht nur an Praktiker, sondern auch an Studenten verschiedener Fachbereiche. Praktiker in unterschiedlichen Verantwortungsebenen können aufgrund der vorgenommenen Einteilung rasch die für sie wesentlichen Kennzahlen darstellen und mit ihren Praxiswerten belegen. Somit liefert das vorliegende Nachschlagewerk eine wertvolle Unterstützung bei der täglichen Arbeit. In gleichem Maße würde ich es sehr begrüßen, wenn Studierende verschiedener Fachbereiche bei der Durchsicht dieses Buches ihr Augenmerk auf das Wesentliche in ihren Vorbereitungen für Abschluss- oder Diplomarbeiten lenken würden. Dass dies hoffentlich sowohl für Praktiker als auch für Studierende zutrifft, wünscht Ihnen Ihr Autor.

Für Anregungen und Ergänzungen bin ich jederzeit sehr dankbar.

Danken möchte ich an dieser Stelle Herrn Diplom-Betriebswirt (FH) Tassilo Steinbrenner für die wertvolle Mithilfe bei der Erstellung des Manuskriptes sowie viele konstruktive Anregungen.

Klaus Bichler

Inhaltsverzeichnis

Vorwort	3
Abkürzungsverzeichnis	10
Einführung	11

1. Kennzahlen der Unternehmenslogistik

1.1	Logistikkosten pro Outputeinheit	17
1.2	Anteil der Logistikkosten	18
1.3	Anteil der Werkslogistikkosten	19
1.4	Logistikkosten pro Mitarbeiter	20
1.5	Anteil Investitionen in logistikunterstützende IT-Systeme	21

2. Kennzahlen der Beschaffungslogistik

2.1	Anteil der Beschaffungskosten	25
2.2	Beschaffungskosten pro Mitarbeiter	26
2.3	Sonderkostenanteil der Beschaffung	27
2.4	Durchschnittlicher Lieferantenumsatz	28
2.5	Anzahl Lieferanten und Lieferantenkonzentration	29
2.6	Inlands-/Auslandseinkaufsquote	30
2.7	Stammlieferantenquote	31
2.8	Rahmenvertragsquote	32
2.9	Rahmenvertragsquote pro Mitarbeiter	33
2.10	Beschaffungsquote via EDI	34
2.11	JIT-Teile-Quote	35
2.12	JIS-Teile-Quote	36
2.13	Quote Kleinbestellungen/Eilbestellungen	37

Inhaltsverzeichnis

2.	Kennzahlen der Beschaffungslogistik	
2.14	Beschaffungsanteil nach Teile-Segmentierung	38
2.15	Beschaffungsanteil nach Verwendung	39
2.16	Anteil beschaffter Dienstleistungen	40
2.17	Bestellstruktur/Quote Mangellieferungen	41
2.18	Lieferabrufe pro Mitarbeiter	42
2.19	Kosten pro Bestellung	43
2.20	Kosten pro eingehender Sendung	44
2.21	Durchschnittliche Entfernung Lieferanten	45
2.22	Anteil Büromaterial	46
2.23	Quote Anlieferungsformen	47
2.24	Warenannahmezeit	48

3.	Kennzahlen der Vorratslogistik	
3.1	Lagerungskosten pro Position	51
3.2	Kosten pro Lagerbewegung	52
3.3	Lagerungskosten	53
3.4	Kapitalbindungskosten	54
3.5	Kommissionierkosten pro Auftrag	55
3.6	Wareneingangskosten	56
3.7	Lieferbereitschaftsgrad (Servicegrad)	57
3.8	Lagerquote	58
3.9	Anteil Sicherheitsbestände	59
3.10	Sicherheitszeit	60
3.11	Anteil Überbestände	61

Inhaltsverzeichnis

3.	Kennzahlen der Vorratslogistik	
3.12	Quote Fast/Medium/Slow Mover	62
3.13	Durchschnittlicher Lagerbestand	63
3.14	Sicherheitskoeffizient	64
3.15	Durchschnittliche Lagerdauer	65
3.16	Inventurberichtigungsanteil	66
3.17	Gängigkeitsstruktur der Bestände	67
3.18	Umschlagshäufigkeit	68
3.19	Anteil Barcode-Lieferscheine	69
3.20	Umlagerungsquote	70
3.21	Anteil Lagerhaltungskosten	71
3.22	Logistikkosten pro Lagermitarbeiter	72
3.23	Soll-/Ist-Vergleich Kapazitätsauslastung der Transportmittel	73
3.24	Lagernutzungsgrad	74
3.25	Auslastungsgrad interner Transportmittel	75
3.26	Produktivität des Wareneingangs	76
3.27	Soll-/Ist-Vergleich Auslastungsgrad des Entladeequipments	77
3.28	Kommissionierleistung	78
3.29	Kommissionierfehlerquote	79
3.30	Lagerreichweite	80
3.31	Quote der R-/S-/U-Teile	81
3.32	Durchschnittliche Wiederbeschaffungszeit	82

4.	Kennzahlen der Produktionslogistik	
4.1	Wartezeitkosten pro Output	85

Inhaltsverzeichnis

4.	Kennzahlen der Produktionslogistik	
4.2	Kostenanteil innerbetrieblicher Transport	86
4.3	Anteil mit Lieferanten abgestimmter Produktionsprogrammplanungen	87
4.4	Quote Spezialladungsträger	88
4.5	Wartungs-/Instandhaltungsquote für Transportmittel und Ladungsträger	89
4.6	Aufträge pro Transportmittel	90
4.7	Auslagerungszeit	91
4.8	Anteil Direktbelieferung durch Lieferanten	92
4.9	Verschrottungsanteil	93
4.10	Ladungsträgerkapazität	94
4.11	Zeitbedarf pro Transportauftrag	95

5.	Kennzahlen der Distributionslogistik	
5.1	Transportkosten pro Transportauftrag	99
5.2	Anteil Auftragsabwicklungskosten	100
5.3	Termintreue der Transportmittel	101
5.4	Lieferzuverlässigkeit	102
5.5	Personalkostenquote des Fuhrparks	103
5.6	Distributionskostenquote	104
5.7	Beanstandungsquote	105
5.8	Lieferverzögerungsquote	106
5.9	Zurückweisungsquote	107
5.10	Transportmittelanteil	108
5.11	Quote der dezentralen Lagerflächen	109

Inhaltsverzeichnis

5. Kennzahlen der Distributionslogistik

5.12	Quote Direktlieferungen / Streckengeschäft	110
5.13	Lieferquote nach Kundensegmentierung	111
5.14	Anteil Transportaufträge an Dienstleister	112
5.15	Produktivität der Disposition	113
5.16	Auslieferqualität	114
5.17	Schadenshäufigkeit	115
5.18	Lieferflexibilität	116
5.19	Soll-/Ist-Vergleich Tracking und Tracing	117
5.20	Fuhrparkkostenanteil	118
5.21	Soll-/Ist-Vergleich Auslastung des Fuhrparks	119
5.22	Beförderungsmenge pro LKW und Einsatztag	120
5.23	Gesamtbeladequote / Beladequote	121
5.24	Leerkilometeranteil	122

6. Kennzahlen der Entsorgungslogistik

6.1	Anteil der Kosten der Entsorgung	125
6.2	Anteil der Sonderkosten der Entsorgung	126
6.3	Anteil Mitarbeiter der Entsorgung	127
6.4	Anteil Entsorgungsflächen	128

Anhang

Definition wesentlicher Logistikkostenarten	131
Wesentliche Logistikbegriffe	134
Stichwortverzeichnis	140
Literaturverzeichnis	145

Abkürzungsverzeichnis

ASN	Advanced Shipping Note
bzw.	beziehungsweise
d.h.	das heißt
EDI	Electronic Data Interchange
EDV	Elektronische Datenverarbeitung
EU	Europäische Union
ERP	Enterprise Resource Planning
etc.	et cetera
evtl.	eventuell
i.d.R.	in der Regel
JIS	Just in Sequence
JIT	Just in Time
LT	Ladungsträger
ME	Mengeneinheit
n.a.	nicht anwendbar
o.a.	oben aufgeführt
o.ä.	oder ähnlich
o.Ä.	oder Ähnliches
o.g.	oben genannt
p.a.	pro Jahr
PPS	Produktionsplanungs- und Steuerungssystem
S.	Seite
SLT	Sonderladungsträger
sog.	sogenannt
tkm	Tonnenkilometer
u.a.	unter anderem
u.U.	unter Umständen
v.a.	vor allem
z.B.	zum Beispiel

Einführung

Logistik

Die Logistik als Querschnittsfunktion tangiert sämtliche Bereiche im Unternehmen und soll als Servicefunktion für die betrieblichen Grundfunktionen Beschaffung, Produktion, Lagerung und Distribution sicherstellen, dass die benötigten Güter und Informationen zur richtigen Zeit am richtigen Ort, in der richtigen Menge und der kundenorientierten Qualität zur Verfügung stehen.

Nehmen wir die Unternehmenslogistik als Überbegriff, so können wir die folgenden Logistikbereiche unterscheiden:
- Industrielogistik
- Handelslogistik
- Dienstleistungslogistik

In der Gesamtheit der oben beschriebenen Logistikbereiche lassen sich die weiteren Teilbereiche der Logistik beschreiben:
- Beschaffungslogistik
- Vorratslogistik
- Produktionslogistik
- Distributionslogistik
- Entsorgungslogistik

Kennzahlen

Durch Logistikkennzahlen sollen Informationen bereitgestellt werden, um in konzentrierter und übersichtlicher Form Beschaffungs-, Bevorratungs-, Produktions- und Verteilungsvorgänge mit ihren wert- und mengenmäßigen Anteilen am Unternehmen abzubilden.
Kennzahlen ermöglichen im Benchmarking einen optimalen Vergleich (möglichst) homogener Prozesse; sie informieren schnell und prägnant über logistische Teilprozesse, für die eine Vielzahl relevanter Einzelinformationen vorliegen, deren Einzelbewertung jedoch zu zeitintensiv, zu aufwendig – und oftmals auch nicht sehr aussagekräftig – wäre. Kennzahlen der Logistik folgen dem Grundsatz der kurzen Verfügbarkeit vor Genauigkeit und können zur Steuerung logistischer Prozesse abgebildet werden als:

- Produktivitätskennzahlen (sie dienen der Beurteilung der Produktivität von Mitarbeitern und/oder technischer Betriebseinrichtungen)
- Wirtschaftlichkeitskennzahlen (sie setzen im Allgemeinen *Logistikkosten*

Einführung

zu bestimmten Leistungseinheiten in eine Beziehung, wobei eine grundsätzliche Differenzierung zwischen den Kosten von Serienprozessen und denen im Produktanlauf – z.B. als Vorserie – zu unterscheiden ist)
- Qualitätskennzahlen (sie beurteilen den Grad der Zielerreichung)

Kennzahlenpyramide/Drill-down

Aufgrund der Vielzahl logistischer Kennzahlen ist es nützlich, eine Kennzahlenpyramide aufzustellen und eine Einteilung in A-, B-, C-Kennzahlen vorzunehmen.
Gemäß der folgenden Pyramide sind A- und B-Kennzahlen strategische Kennzahlen (z.B. *Logistikkosten* pro Fahrzeug, *Logistikkosten* pro Werk/Gesamtkosten pro Werk), C-Kennzahlen sind operative Kennzahlen (z.B. *Logistikkosten* der Beschaffung/Anzahl Mitarbeiter der Beschaffung).
Es wird bei Durchsicht dieser Kennzahlen überraschen, dass A-Kennzahlen zahlenmäßig überwiegen. Werden A- und B-Kennzahlen zum Vergleich logistischer Prozesse herangezogen, so dienen sie in den meisten Fällen dazu, eine Aussage mit strategischem Hintergrund zu dokumentieren, was eine einheitliche Einstufung in die Gruppe der A-Kennzahlen geeignet erscheinen ließ. Auch die Beschränkung auf exakt 100 Kennzahlen führte dazu, dass A-Kennzahlen aufgrund ihrer strategischen Ausrichtung wesentlich häufiger angeführt sind als C-Kennzahlen.

Verwendung von Kennzahlen

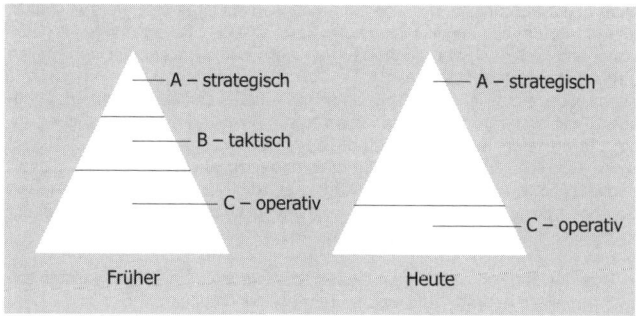

Einführung

Die Flut logistischer Kennzahlen erschwert mit Sicherheit den effizienten Einsatz im Unternehmen, vor allem auch deswegen, weil die Regeln der Anwendung und der Anwendbarkeit nicht gleich mitgeliefert werden. Ein effizientes, logistisches Kennzahlensystem im Unternehmen einzusetzen, muss den individuellen, ja sogar segmentierten (z. B. für eine Lagereinrichtungstechnik oder den Einsatz eines fahrerlosen Transportsystems (FTS) etc.) Einsatz im Unternehmen berücksichtigen. Es gilt zu allererst, die Datenflut im Unternehmen auf nur wenige, jedoch aussagekräftige Kennzahlen zu beschränken. Dabei sind zwei Grundsätze wesentlich. Ein falsch zugrunde liegendes Datenmaterial, eventuell auch dessen Aktualität, verhindert die Anwendbarkeit. Es gilt: »garbage in, garbage out«.

Zum anderen müssen sich die Anwender beim Einsatz logistischer Kennzahlen über die Notwendigkeit eines ganzheitlichen Ansatzes, damit aber auch über deren gegenseitige Abhängigkeiten im Klaren sein. So beeinflusst die Reduzierung der *Logistikkosten* im Unternehmen aus ganzheitlicher Sicht die Bestandskosten bzw. die Lagerungskosten, aber auch evtl. den Grad der Lieferbereitschaft. Bei der Anwendung von A- oder Spitzenkennzahlen ist der Grad der gegenseitigen Abhängigkeiten besonders hoch, da sie ja auch eine höhere Aussagekraft besitzen als die B- oder C-Kennzahlen.

Die von mir vorgenommene Bewertung einer Kennzahl orientiert sich an deren Praxisbezogenheit. Die Quantifizierung von Praxiswerten ist schwierig darstellbar und ließe sich, selbst bei einer Auswertung umfangreichen Datenmaterials, nicht als Durchschnittswert ausweisen. Denn dieser streut nicht nur von Unternehmen zu Unternehmen (weil auch die zugrunde liegende Datenbasis nicht konsistent ist), sondern auch von Branche zu Branche.

Kennzahlen als Planungsinstrument

Es ist Aufgabe einer erfolgreichen Unternehmensführung, Zielvorgaben zu formulieren und eine entsprechende Kontrolle durchzuführen. Dabei zeigt sich, dass die Unternehmensleitung die einzelnen Bereiche am besten mit Planvorgaben im Sinne von Soll-Werten führt. Aufgabe des Logistikcontrollings ist es, die Abweichungen zwischen den Vorgaben als Sollwerte und den tatsächlich erreichten Ist-Werten aufzufinden und die Ursachen zu ermitteln. Nur dadurch können Entscheidungen im Hinblick auf die Zielerreichung getroffen werden. Die Unternehmensleitung ist somit aufgefordert, logistische Kennzahlen – und nicht nur Spitzenkennzahlen – in Form einer Vorgabe zu entwickeln. Die damit verbundene Zielsetzung ist, dass die Soll-Zahlen gegen ein Optimum tendieren, um das jeweils bestmögliche Ergebnis zu erreichen.

Einführung

Hierdurch können *Logistikkosten* reduziert und z. B. eine Verbesserung der Auslastungsgrade erreicht werden. Dies ist jedoch nur durch einen auf homogenen Basiswerten begründeten langfristigen Vergleich möglich.
Neben der Notwendigkeit, einen längerfristigen Vergleich von Kennzahlen durchzuführen, muss die Sicht eines innerbetrieblichen Vergleichs ergänzt werden durch den Abgleich mit anderen Unternehmen. Nur dadurch können Potenziale im eigenen Unternehmen aufgezeigt werden. Gerade dem zwischenbetrieblichen Vergleich von Kennzahlen, besonders von Spitzenkennzahlen, sollte in Zukunft wesentlich mehr Bedeutung zukommen.

Gliederung des Buches

Für die oben beschriebenen Teilbereiche von der Beschaffungs- bis zur Entsorgungslogistik werden wir zunächst in A- und C-Kennzahlen unterscheiden.
Innerhalb einer Kennzahl führen wir die Gliederung fort in:

- Formel
- Dimension
- Erläuterungen/Bewertungen mit evtl. Rechenbeispiel, Bewertung (Vorteile, Nachteile und Grenzen der Anwendbarkeit)
- Klassifizierung

Die Vielzahl an Kennzahlen würde deutlich den Inhalt dieses Buches, nämlich die Darstellung der 100 wichtigsten Kennzahlen, übersteigen. Daher sind verwandte Kennzahlen zwar aufgeführt, jedoch in die Hauptkennzahl integriert.
Um eine ständige Wiederholung einzelner Logistikkostenarten, aber auch wesentlicher Logistikbegriffe zu vermeiden, werden in einem anschließenden Anhang wesentliche Definitionen und Begriffe übersichtlich aufbereitet. Diese sind auch bei der Darstellung der Kennzahlen kursiv geschrieben.

Kapitel 1

Kennzahlen der
Unternehmenslogistik

1.1 Logistikkosten pro Outputeinheit

Formel

$$\frac{\text{Gesamtlogistikkosten}}{\text{Outputeinheit}}$$

Dimension
€/Outputeinheit

Erläuterungen/Bewertung
Diese Kennzahl ist mit Sicherheit eine Spitzenkennzahl, mit der die gesamte Prozesskette, von der Annahme der Bestellung des Kunden über den Transport im Werk bzw. in der Niederlassung bis zur Auslieferung des Produktes bewertet wird. Die Outputeinheit kann ein Endprodukt oder ein Teilprodukt/Modul, z. B. Motor eines Autos, des Endproduktes darstellen.

In der Praxis werden jedoch häufig nur die Prozesskosten von der Annahme des Kundenauftrags, der Fahrzeugdisposition etc. bis zum Versand an den Kunden verstanden. Nicht nur wegen unterschiedlicher Transportwege (Schiene, Straße, Luft), sondern auch wegen des Einbezugs unterschiedlicher Teilprozesse ergeben sich unterschiedliche, stark streuende Werte. Zu den *Logistikkosten* sind auch die Lagerkosten sowie *Beschaffungskosten* zu rechnen.

Klassifizierung	**A-Kennzahl**	C-Kennzahl

1.2 Anteil der Logistikkosten

Formel

$$\frac{\text{Gesamtlogistikkosten}}{\text{Gesamtkosten des Unternehmens}} \times 100$$

Dimension
Prozentsatz

Erläuterungen/Bewertung
Diese Kennzahl beschreibt, welche Kosten entlang der logistischen Prozesskette bis zur Belieferung des Kunden anfallen, ohne dass dabei das Produkt eine weitere *Wertschöpfung* erfahren hat.
Gilt es dabei, die Gesamtlogistikkosten zu reduzieren, z. B. durch Reduzierung der Lagerbestände (und damit der Bestandskosten), durch eine Reduzierung der Teilevielfalt (und damit der Lagerungskosten) oder durch eine Reduzierung der Lieferbereitschaft (falls möglich und damit der Kapitalbindung), so resultieren daraus gravierende Entscheidungen für die Unternehmenspolitik.

Die Reduzierung der Lagerbestände durch z. B. Verringerung der Anliefermengen oder durch vermehrte Just-in-Time-Anlieferungen hat Auswirkungen auf die Einkaufspolitik (Einkaufspreise, Lieferantenauswahl) und kann evtl. nur durch eine Verbesserung der, Programmplanung effizient umgesetzt werden. Ansatzpunkte für eine Reduzierung der *Logistikkosten* können nur durch eine differenzierte Analyse weiterer Kennzahlen, z. B. im B-Bereich und unter Zuhilfenahme eines externen Benchmarkings gefunden werden.

Klassifizierung	**A-Kennzahl**	C-Kennzahl

1.3 Anteil der Werkslogistikkosten

Formel

$$\frac{\text{Logistikkosten pro Werk}}{\text{Wertschöpfung eines Werks}} \times 100$$

Dimension
Prozentsatz

Erläuterungen/Bewertung
Durch den zu berechnenden Wert wird angegeben, welchen Anteil die gesamten *Logistikkosten* eines Werkes, die einen Teil der Herstellungskosten darstellen, an der *Wertschöpfung* besitzen.

Allerdings ist diese Angabe sehr allgemein gehalten. Informationen über die Aufteilung der einzelnen Kostenfaktoren gehen vollständig verloren.
Die *Wertschöpfung* eines Unternehmens ergibt sich aus den gesamten Erlösen, d. h. nach außen abgegebenen Güterwerten, von denen die Vorleistungen, also Güterwerte vorgelagerter Produktionsstufen o. ä., abgezogen werden. Zu den Vorleistungen zählen fremdbezogene Güter und Dienstleistungen, die im Leistungsprozess verbraucht werden.

Klassifizierung	A-Kennzahl	C-Kennzahl

1.4 Logistikkosten pro Mitarbeiter

Formel

$$\frac{\text{Logistikkosten des Werks}}{\text{Anzahl Mitarbeiter der Werkslogistik}}$$

Dimension
€/Mitarbeiter

Erläuterungen/Bewertung
Diese Kennzahl kann Auskunft über die Produktivität der Mitarbeiter in der Werkslogistik geben. Je nach Unterschieden im Abwicklungsaufwand sind bei einem Produktivitätsvergleich im Zeitablauf oder zwischen Mitarbeitern Korrekturen vorzunehmen. Eine zu niedrige Produktivität kann u. a. an der mangelnden Unterstützung durch geeignete Hilfsmittel (z. B. den Transportmitteln) oder an einer unzureichenden Ablauforganisation (z. B. auftragsweises statt zweistufiges Kommissionieren) liegen. Ausschlaggebend ist die Frage der Zusammensetzung der *Logistikkosten*.

Ist z. B. in einem Automobilwerk auch die zentrale Ersatzteilversorgung mitintegriert, so werden hier die *Logistikkosten* pro Mitarbeiter, schon allein durch die vorgegebene Kapitalbindung, wesentlich höher sein als bei einem reinen Produktionswerk. Bei diesem Produktivitätsvergleich ist eine homogene Basis der *Logistikkosten* wesentlich. Die Berechnung ist eng mit dem Anteil der Logistikmitarbeiter an der Zahl aller Beschäftigten verknüpft. Dabei wird der Anteil der Mitarbeiter der Werkslogistik an der Gesamtzahl aller Mitarbeiter des Werkes angegeben.

Klassifizierung	**A-Kennzahl**	C-Kennzahl

1.5 Anteil Investitionen in logistikunterstützende IT-Systeme

Formel

$$\frac{\text{Investitionen in IT-Systeme}}{\text{Gesamtinvestitionen Logistik}} \times 100$$

Dimension
Prozentsatz

Erläuterungen/Bewertung
Diese Kennzahl bringt zum Ausdruck, welchen Anteil Investitionen in zeitgemäße bzw. aktuelle Datenerfassungs- und Informationssysteme am gesamten Investitionsvolumen der Logistik haben.

Zur Steigerung der Produktivität der Mitarbeiter in der Beschaffung, im Lager- und Kommissionierbereich eines Unternehmens wie auch zur Fehlervermeidung werden zunehmend Datenerfassungs- und Ausgabegeräte eingesetzt. Der Belegfluss wird transparent und findet nur noch virtuell statt. Man spricht in der Vorratslogistik auch von der beleglosen Lagerabwicklung. Daher ist die IT ein wirksames Organisationsmittel für die Logistik, wodurch sich u. a. Fehler wirksam reduzieren lassen und die Effizienz und Schnelligkeit deutlich gesteigert wird. Zudem ist der intensive Einsatz solcher IT-Lösungen ein Gütesiegel für die Logistik eines Unternehmens und spiegelt den der Logistik beigemessenen Stellenwert – unter Beachtung der Wirtschaftlichkeit – wider.

Klassifizierung	A-Kennzahl	C-Kennzahl

Kapitel 2

Kennzahlen der
Beschaffungslogistik

2.1 Anteil der Beschaffungskosten

Formel

$$\frac{\text{Beschaffungskosten (Verwaltung)}}{\text{Gesamtbeschaffungsvolumen}} \times 100$$

Dimension
Prozentsatz

Erläuterungen/Bewertung
Diese Kennzahl liefert Informationen über den ausschließlichen Anteil der *Verwaltungskosten* der Beschaffung an den gesamten *Beschaffungskosten*.

Verwaltungskosten gehören zu den Beschaffungsnebenkosten und sind vom Unternehmen selbst beeinflussbar.

Die Kennzahl dient als wichtiger Indikator für die Veränderungsmöglichkeiten wie z.B. die Fixkostendegression. Sie gibt Hinweise auf Kostensenkungspotenziale durch organisatorische und technische Maßnahmen, wie z.B. den ausgeweiteten EDV-Einsatz. Hinsichtlich der Größe des Anteils der *Beschaffungskosten* am gesamten Beschaffungsvolumen gibt es zwischen Bereichen der Industrie-, Handels- bzw. Dienstleistungslogistik enorme Unterschiede.

Klassifizierung	**A-Kennzahl**	C-Kennzahl

2.2 Beschaffungskosten pro Mitarbeiter

Formel

$$\frac{\text{Beschaffungskosten (Verwaltung)}}{\text{Anzahl Mitarbeiter der Beschaffung}}$$

Dimension
€/Mitarbeiter

Erläuterungen/Bewertung
Die Berechnung gibt Aufschluss über den durchschnittlichen Werteverzehr pro Mitarbeiter, wobei die Durchschnittsbildung die Betrachtung von Mitarbeitern mit besonders hohem (z. B. Beschaffung von A-Teilen) bzw. niedrigem (z. B. Beschaffung von Kanban-Teilen) Beschaffungsvolumen verhindert.

Ziel dieser Kennzahl ist ein möglichst geringer Werteverzehr pro Mitarbeiter. Durch den Einsatz von Rahmenverträgen, Abrufaufträgen, Kanban, *EDI* oder PPS-gestütze Disposition im Rahmen eines effizienten Beschaffungsmanagements kann der Werteverzehr pro Mitarbeiter gering gehalten werden.

Klassifizierung	A-Kennzahl	C-Kennzahl

2.3 Sonderkostenanteil der Beschaffung

Formel

$$\frac{\text{Sonderkosten der Beschaffung}}{\text{Beschaffungskosten (Verwaltung)}} \times 100$$

Dimension
Prozentsatz

Erläuterungen/Bewertung
Der Anteil des Aufwandes, der für weiterzuverarbeitende Waren entsteht, die nicht standardisiert sind bzw. sich nicht mit standardisierten Ladungsträgern, Hilfs- und Transportmitteln bewegen lassen, ist Inhalt einer solchen Auswertung.

Unter Umständen werden unterschiedliche Anforderungen an die Verpackung oder die Handhabung hinsichtlich schonenden Transports, Feuchtigkeits-, Wärme-, Licht- oder Chemikalienempfindlichkeit gestellt. Diese Umstände verursachen besondere Maßnahmen für Spezialwerkzeuge, Handhabungsgeräte, besondere Lagerung oder andere Installationen, die besondere Kosten nach sich ziehen. Ein zunehmend wichtiges Instrument in der Beschaffung ist die EDV, die durch notwendig werdende Installationen im Hard- und Softwarebereich weitere Kosten der Beschaffung verursacht. Der Anteil der Kosten zur Verwirklichung dieser Maßnahmen an den *Beschaffungskosten* wird in o. g. Kennzahl gemessen.

Klassifizierung	A-Kennzahl	C-Kennzahl

2.4 Durchschnittlicher Lieferantenumsatz

Formel

$$\frac{\text{Gesamtbeschaffungsvolumen}}{\text{Gesamtzahl der Lieferanten}}$$

Dimension
€/Lieferant

Erläuterungen/Bewertung
Diese Kennzahl zeigt das durchschnittliche Beschaffungsvolumen pro Lieferanten auf.

Ein geringer Beschaffungsumsatz pro Lieferanten ist jedoch kein Maßstab zur Messung der Produktivität. So ist zu berücksichtigen, dass ein Einzelfertiger oder ein Serienfertiger mit hoher Variantenvielfalt ein geringeres Beschaffungsvolumen als ein Großserienfertiger aufweisen kann. Ziel muss es sein, ein möglichst hohes Beschaffungsvolumen pro Lieferant zu realisieren. Erst dann können Skaleneffekte bei den *Beschaffungskosten* greifen.

Der Durchschnittswert macht wie üblich Unterschiede bzgl. des Beschaffungsvolumens einzelner Lieferanten nicht deutlich. Hier ist der Hinweis eines externen Benchmarkings wesentlich, wobei eine homogene Datenbasis (z. B. vergleichbare Branche und Fertigungstiefe, Beschaffungspolitik) die Grundlage eines Kennzahlenvergleichs bilden muss.

Klassifizierung	**A-Kennzahl**	C-Kennzahl

2.5 Anzahl Lieferanten und Lieferantenkonzentration

Formel

$$\frac{\text{Anzahl Lieferanten}}{\text{Produktionswerk}}$$

Dimension
Lieferanten / Werk

Erläuterungen / Bewertung
Strategische Entscheidungen der Unternehmensleitung gehen bei der Bildung der Kennzahl notwendig voraus. Durch viele Lieferanten ist das Unternehmen unabhängig vom Einzelnen, jedoch bedeutet dies auch den Verzicht auf eine partnerschaftliche und vertrauensvolle Zusammenarbeit mit den Lieferanten, die z.B. für eine Just-in-Time-Anlieferung notwendig ist.

Es ist sinnvoll, verschiedene Beschaffungsstrategien für A-, B- und C-Teile zu wählen. A- und teilweise B-Teile sind über einen engen Kreis von ausgewählten Stammlieferanten zu beziehen. Bei hochwertigen Baugruppen, z.B. Achsen, Getrieben etc., muss der Lieferant bereits in die Entwicklung einbezogen werden. Bei C-Teilen, die eine geringe Spezialisierung erfordern und eine hohe Substituierbarkeit bzw. Markthäufigkeit haben, könnte mit vielen Lieferanten zusammengearbeitet werden – dies würde jedoch wiederum die Beschaffungsvorteile Zunichte machen. Aus diesen Argumenten abgeleitet entsteht die nachfolgende Erweiterung der o.g. Kennzahl:

$$\frac{\text{Anzahl A-/B-/C-Teile}}{\text{Anzahl A-/B-/C-Teile-Lieferanten}}$$

Klassifizierung	**A-Kennzahl**	C-Kennzahl

2.6 Inlands-/Auslandseinkaufsquote

Formel

$$\frac{\text{Inlands-/Auslands-Einkaufsvolumen}}{\text{Gesamtbeschaffungsvolumen}} \times 100$$

Dimension
Prozentsatz

Erläuterungen/Bewertung
Die Inlandseinkaufsquote kann zeigen, inwiefern ein Unternehmen Wert auf inländische *Wertschöpfung* und Nähe zur Produktion legt. Ein weiteres Kriterium daraus ist die durch inländischen Einkauf u. U. besser zu verwirklichende Termintreue. Der Preis spielt dabei eine nachrangige Rolle. Die Auslandseinkaufsquote spiegelt das Gegenteil wider. Über ausländische Beschaffungsmärkte versuchen Unternehmen, günstige Einkaufskonditionen zu erlangen. Hier steht deutlich der Preisgedanke durch Lohn- und Gehaltsarbitrage im Vordergrund, auch wenn große Entfernungen und Abstimmungsarbeiten hinsichtlich Koordination und Qualität in Kauf genommen werden müssen.

Unter der Annahme eines gleichen Beschaffungspreises in verschiedenen Ländern ist bei Analyse der Quote darauf zu achten, dass der Ursprung der Waren Auswirkungen auf den Vertrieb haben kann. So kann z. B. der Wiederverkauf eines in der Schweiz beschafften Artikels nach Norwegen zollfrei sein, während dies bei einem aus den USA beschafften Teil nicht der Fall ist. Hier bestehen u. U. Präferenzberechtigungen bzw. Abkommen mit der EU.

Klassifizierung	**A-Kennzahl**	C-Kennzahl

2.7 Stammlieferantenquote

Formel

$$\frac{\text{Beschaffungsvolumen der Stammlieferanten}}{\text{Gesamtbeschaffungsvolumen}} \times 100$$

Dimension
Prozentsatz

Erläuterungen/Bewertung
Das Beschaffungsvolumen eines Unternehmens erstreckt sich im Regelfall auf eine Vielzahl von Lieferanten. Ein Stichwort sei hier z. B. die Flexibilität im Falle von Lieferengpässen bzw. die Möglichkeit, das Preisniveau durch den Konkurrenzkampf niedrig zu halten. Nun wird es Lieferanten geben, mit denen regelmäßig Geschäfte getätigt werden und andere, die eher spontan in Betracht gezogen werden. Der Anteil der Stammlieferanten zeigt u. U. an, ob Rahmenverträge bestehen bzw. ob ein Unternehmen häufig Lieferanten wechselt und permanent auf der Suche nach geeigneten Lieferanten ist. Je höher der Wert dieser Kennzahl ist, desto eher existieren feste Rahmenverträge, die Einsparungspotenziale aufseiten des Einkaufs ermöglichen, jedoch auf beiden Seiten zu einer Win-win-Situation führen können. Es kann von gleich bleibender Anlieferqualität ausgegangen werden.

Die Abgrenzung, ab wann ein Lieferant als Stammlieferant bezeichnet werden kann, ist nicht eindeutig definiert. Als Anhaltspunkt kann die Dauer der Geschäftsbeziehung dienen. Ist sie länger als fünf Jahre, so kann von einem Stamm-Teile-Lieferanten ausgegangen werden.

Klassifizierung	A-Kennzahl	C-Kennzahl

2.8 Rahmenvertragsquote

Formel

$$\frac{\text{Beschaffungsvolumen über Rahmenverträge}}{\text{Gesamtbeschaffungsvolumen}} \times 100$$

Dimension
Prozentsatz

Erläuterungen/Bewertung
Diese Kennzahl gibt den Anteil des Beschaffungsvolumens über Rahmenverträge mit Lieferanten am gesamten Beschaffungsvolumen an.

Rahmenverträge werden für regelmäßig benötigte Waren oder Dienstleistungen i.d.R. für ein Jahr (oder über eine vereinbarte Menge) geschlossen. Im Laufe des Jahres werden die benötigten Mengen zum jeweiligen Zeitpunkt abgerufen. Rahmenverträge entlasten den Einkauf, da nicht für jeden Bedarf eine Preisanfrage und ein Preisvergleich stattfinden müssen. Um die Abhängigkeit von einzelnen Lieferanten gering zu halten, werden – falls möglich – häufig für ein Produkt Rahmenverträge mit zwei Lieferanten geschlossen.

Klassifizierung	**A-Kennzahl**	C-Kennzahl

2.9 Rahmenvertragsquote pro Mitarbeiter

Formel

$$\frac{\text{Anzahl Rahmenverträge}}{\text{Anzahl Mitarbeiter in der Beschaffung}}$$

Dimension
Anzahl Rahmenverträge/Mitarbeiter

Erläuterungen/Bewertung
Diese Kennzahl vermittelt einen Überblick über die durchschnittliche Anzahl abgeschlossener Rahmenverträge pro Mitarbeiter der Beschaffung.

Im Allgemeinen wird eine hohe Zahl von Rahmenverträgen pro Mitarbeiter der Beschaffung als positiv gesehen, da dadurch externe Einflüsse auf die Beschaffungspolitik (z. B. Preise, Konditionen, Qualität, Liefertermine) gering gehalten werden können. Andererseits sind durch bestehende Rahmenverträge evtl. sich kurzfristig ergebende günstige Beschaffungsmöglichkeiten ausgeschlossen.

Gilt jedoch der Grundsatz der Beschaffungspolitik eines Unternehmens »Qualität und Lieferantentreue vor Preis«, dann ist dieser Grundsatz zulasten eines evtl. günstigen Einkaufs zu akzeptieren. Daher ist aus strategischen als auch aus logistischen Gründen eine Aussage in zwischenbetrieblichen Vergleichen kritisch zu bewerten.

Klassifizierung	**A-Kennzahl**	C-Kennzahl

2.10 Beschaffungsquote via EDI

Formel

$$\frac{\text{Beschaffungsvolumen über EDI}}{\text{Gesamtbeschaffungsvolumen}} \times 100$$

Dimension
Prozentsatz

Erläuterungen/Bewertung
Die Ausprägung dieser Berechnung zeigt den Anteil der Beschaffungsvorgänge über *EDI* am Gesamtbeschaffungsvolumen auf.

Sie ist ein Indikator für die Rationalisierung der Beschaffungsvorgänge. Je höher ihr Wert, desto mehr werden die papierarmen, elektronischen Beschaffungsmechanismen genutzt, Erfassungstätigkeiten reduziert sowie der Datenaustausch standardisiert.

Um den Gedanken von »Lean Production« bzw. »Just in Time« zu verwirklichen, ist der elektronische Datenaustausch ein absolutes Muss. *EDI* stellt dabei ein stark automatisiertes Vorgehen dar, bei dem z. B. schon allein die Festlegung über den verfügbaren Bestand zur Auslösung einer Bestellung beim Lieferanten führen kann. Der Automatisierungsgrad ist hier höher als bei der Beschaffung via *Internet*:

$$\frac{\text{Beschaffungsvolumen über Internet}}{\text{Gesamtbeschaffungsvolumen}} \times 100$$

Zu unterscheiden ist, dass die Beschaffungsvorgänge in der Regel manuell ausgelöst werden. Sogenannte Online-Auktionen ermöglichen einen intensiven Konkurrenz- bzw. Preiskampf.

Klassifizierung	**A-Kennzahl**	C-Kennzahl

2.11 JIT-Teile-Quote

Formel

$$\frac{\text{Anzahl der JIT-/JIS-Teile}}{\text{Gesamtzahl der Teile}} \times 100$$

Dimension
Prozentsatz

Erläuterungen/Bewertung
Der in diesem Wert dargestellte Anteil beschaffter Teile, die mittels »Just in Time« bezogen werden, macht deutlich, inwieweit das Konzept in einem Unternehmen umgesetzt ist.

Je höher diese Kennzahl, desto größer ist aber auch die Abhängigkeit vom JIT-Lieferanten und somit die Empfindlichkeit gegenüber externen Störungen. Außerdem sind Ladungsträger, Fördermittel und Lkw-Trailer-Stellflächen diesem Konzept in Ausführung, Kapazität und Dimension anzupassen.
In der Produktionslogistik bezeichnet JIT ein Konzept zur Materialbereitstellung, das auf die Verkleinerung von Zwischenlagern sowie die allgemeine Rationalisierung des Anlieferprozesses abzielt. Das JIT-Konzept wird durch die Einsparung von Lagerflächen und -kosten indirekt zu einem unternehmerischen Logistikinstrument der Kostensenkung.

Klassifizierung	A-Kennzahl	C-Kennzahl

2.12 JIS-Teile-Quote

Formel

$$\frac{\text{Anzahl der JIS-Teile}}{\text{Gesamtzahl der Teile}} \times 100$$

Dimension
Prozentsatz

Erläuterungen/Bewertung
Der zu errechnende Wert dieser Quote deutet darauf hin, inwieweit ein Unternehmen den Materialfluss und die Produktionsplanung so fein abgestimmt hat, dass die lagerlose und reihenfolgegerechte Anlieferung möglich ist.

Das Optimum der Anpassung von Anlieferungsprozessen bzgl. der auftragsgenauen Zuteilung von Artikeln spiegelt sich im »Just in Sequence«-Prinzip wider. Dabei werden angelieferte Teile bereits vom Lieferanten genau in der Sequenz sortiert und angeliefert, wie dies für den Fertigungsablauf notwendig ist. Das Modell findet oftmals in sogenannten Industrieparks Anwendung, bei denen über verhältnismäßig kurze Distanzen Artikel eines Lieferanten über Fördertechnik direkt an Montageplätze angeliefert werden.
Das JIS-Prinzip erfordert einen hohen Steuerungsaufwand, der eine intensive Absicherung gegenüber externen Störungen benötigt, um den Produktionsablauf nicht zu gefährden.

Klassifizierung	A-Kennzahl	C-Kennzahl

2.13 Quote Kleinbestellungen/ Eilbestellungen

Formel

$$\frac{\text{Anzahl Klein-/Eilbestellungen}}{\text{Gesamtzahl Bestellungen}} \times 100$$

Dimension
Prozentsatz

Erläuterungen/Bewertung
Diese Kennzahl zeigt den Anteil kosten- und aufwandsintensiver Klein- oder Eilbestellungen an der Gesamtzahl aller Bestellungen an.
Ist z. B. die Quote von Klein- oder Eilbestellungen hoch, so kann unterstellt werden, dass Vorteile von Großbestellungen, wie z. B. Volumeneffekte und Rahmenverträge (für Abrufbestellungen), nicht genutzt werden. Es zeigt sich also ein Ansatzpunkt zur Rationalisierung und Kosteneinsparung. Allerdings ist die eventuelle Notwendigkeit von Kleinbestellungen aufgrund besonderer Umstände nicht ersichtlich.
Ähnlich der Quote von Kleinbestellungen kann auch der Anteil von Eilbestellungen gemessen werden. Ein hoher Anteil kann auf häufig auftretende Störungen und Änderungen im Beschaffungs- und Produktionsprozess hin deuten. Hier ist zu erwähnen, dass Eilbestellungen neben der Unordnung im Ablauf zusätzliche Kosten durch Sonderbestellungen mit kleinem Volumen verursachen sowie gesondert notwendige Personalkapazitäten erfordern. Eilbestellungen lösen unproduktive Hektik und Unsicherheit bei der Terminierung aus.

Klassifizierung	A-Kennzahl	C-Kennzahl

2.14 Beschaffungsanteil nach Teile-Segmentierung

Formel

$$\frac{\text{Beschaffungsvolumen der A-/B-/C-Teile}}{\text{Gesamtbeschaffungsvolumen}} \times 100$$

Dimension
Prozentsatz

Erläuterungen/Bewertung
Ausgehend von der ABC-Analyse (Teile-Beschaffungsumsatzstatistik) unterscheidet diese Kennzahl, welchen Anteil am Beschaffungsvolumen die einzelnen Teilesegmente einnehmen.

Allgemein gilt die 80/20-Regel, wonach bei A-Teilen mit 20 % der Teilezahl ein Volumen von 80 % des Beschaffungsumsatzes erreicht wird. Die Lorenzkurve verläuft jedoch umso steiler, je geringer die Teilezahl im A-Segment – bei einem Anteil am Beschaffungsvolumen von ca. 80 % – ist. Dies deutet evtl. auf eine geringe Fertigungstiefe und auf eine Beschaffung hochwertiger Baugruppen hin.

Ähnlich dieser Betrachtung kann auch folgende Kennzahl gebildet werden:

$$\frac{\text{Beschaffungsvolumen der Baugruppen}}{\text{Gesamtbeschaffungsvolumen}} \times 100$$

In einem Unternehmen müssen nicht alle zu verarbeitenden Teile einzeln angefertigt, angeliefert und verbaut werden. Die Verarbeitung von Baugruppen erlaubt dem Unternehmen die Konzentration auf seine Kernkompetenzen.

Klassifizierung	A-Kennzahl	C-Kennzahl

2.15 Beschaffungsanteil nach Verwendung

Formel

$$\frac{\text{Beschaffungsvolumen produktives/unproduktives Material}}{\text{Gesamtbeschaffungsvolumen}} \times 100$$

Dimension
Prozentsatz

Erläuterungen/Bewertung
Diese Kennzahl misst den Anteil des Beschaffungsvolumens mit produktivem Material am gesamten Beschaffungsvolumen.

Die Einkaufsabteilung eines Unternehmens ist mit der Beschaffung von Roh-, Hilfs- und Betriebsstoffen, aber auch von Dienstleistungen beschäftigt. Dabei ist zu unterscheiden, ob beschaffte Teile direkt in das herzustellende Produkt einfließen oder die Produktion nur ermöglichen bzw. unterstützen.

Gleichzeitig kann gegensätzlich der Anteil von unproduktivem Material bewertet werden. Ein zu hoher Anteil des unproduktiven Materials verdeutlicht, dass die Einkaufsabteilung ihre Anstrengungen mehr auf produktives Material richten sollte, da dieses die direkte *Wertschöpfung* eines Unternehmens ausmacht. Durch Rahmenverträge können der Aufwand und auch die Kosten für unproduktives Material reduziert werden.

Klassifizierung	**A-Kennzahl**	C-Kennzahl

2.16 Anteil beschaffter Dienstleistungen

Formel

$$\frac{\text{Beschaffungsvolumen Dienstleistungen}}{\text{Gesamtbeschaffungsvolumen}} \times 100$$

Dimension
Prozentsatz

Erläuterungen/Bewertung
Die Berechnung des Anteils beschaffter Dienstleistungen am Gesamtbeschaffungsvolumen ist Gegenstand dieser Kennzahl.

Die Beschaffungsvorgänge eines Unternehmens erstrecken sich nicht nur auf Materialien produktiver und nicht produktiver Art, sondern auch auf Dienstleistungen.
Als Beispiel können der Catering-Service der Betriebskantine, aber auch ein Logistik-Dienstleister zum Unterhalt eines Lieferanten-Logistik-Zentrums (LLZ), eines Warenverteilzentrums (WVZ) oder des werksinternen Transports etc. herangezogen werden. Aber auch der Zukauf von Beratungsleistungen, z.B. für Entwicklung, Fabrikplanung und ISO-Zertifizierung als evtl. kurzfristig anzusehende Projekte, sind mit der o.a. Kennzahl auszuweisen. Sie ergeben auch Hinweise auf Aufgaben, die bei Bedarf wieder in das Unternehmen integriert werden können.

Klassifizierung	**A-Kennzahl**	C-Kennzahl

2.17 Bestellstruktur/Quote Mangellieferungen

Formel

$$\frac{\text{Mangelhafte Lieferungen}}{\text{Gesamtzahl Lieferungen}} \times 100$$

Dimension
Prozentsatz

Erläuterungen/Bewertung
Die Berechnung zeigt den prozentualen Anteil mangelhafter Lieferungen an deren Gesamtzahl an. Unter mangelhaften Lieferungen sind Falsch-, Teil- oder Schlechtlieferungen zu verstehen.

Mangellieferungen werden zur eingehenden Kontrolle länger im Wareneingang gehalten. Sie bilden dort Bestand, der nicht wertschöpfend eingesetzt werden kann. Zudem besteht die Gefahr von Falschverwendungen, wenn z. B. ein Materialengpass durch die vermeintlich zur Verfügung stehenden Artikel behoben wird.

Sinnvoll ist es, die Kennzahl auf A-, B- oder C-Sendungen zu beziehen. Nur so gibt sie Auskunft über die Wertigkeit der Fehllieferungen. Außerdem kann nach Falsch-, Teil- oder Schlechtlieferungen unterschieden werden. Ziel soll sein, diese Kennzahl im Promille-Bereich zu halten bzw. sie gegen null tendieren zu lassen. Diese wichtige Qualitätskennzahl kann lieferantenbezogen aufgestellt werden. Die Gründe für mangelhafte Lieferungen werden aus dieser Kennzahl nicht ersichtlich.

Klassifizierung	**A-Kennzahl**	C-Kennzahl

2.18 Lieferabrufe pro Mitarbeiter

Formel

$$\frac{\text{Anzahl Lieferabrufe}}{\text{Anzahl Mitarbeiter der Beschaffung}}$$

Dimension
Lieferabrufe/Mitarbeiter

Erläuterungen/Bewertung
Diese Kennzahl zeigt die durchschnittliche Anzahl getätigter Lieferabrufe pro Mitarbeiter der Beschaffungsabteilung.

Der Wert kann zum einen für die Messung des Arbeitsaufwandes bzw. der Produktivität der Mitarbeiter der Beschaffung verwendet werden. Zum anderen sind Rückschlüsse auf den Organisationsgrad möglich, d.h., je mehr Lieferabrufe automatisiert erfolgen, umso mehr werden die Mitarbeiter bei ihrer täglichen Arbeit von Routineaufgaben entlastet.

In einem Großteil der Unternehmen kann davon ausgegangen werden, dass Beschaffungsvorgänge zu nahezu 100 % EDV-gestützt ablaufen. Dennoch kann es bei der Effizienz von IT-Prozessen starke Unterschiede geben. Spezifische Branchensoftware kann aufgrund ihrer speziellen Ausrichtung bessere Ergebnisse erzielen als für allgemeine Verwendungszwecke optimierte Softwarelösungen.

Klassifizierung	A-Kennzahl	C-Kennzahl

2.19 Kosten pro Bestellung

Formel

$$\frac{\text{Bestellkosten}}{\text{Anzahl Bestellungen}}$$

Dimension
€/Bestellung

Erläuterungen/Bewertung
Bei der Analyse des Bestellprozesses zeigt diese Berechnung die durchschnittlichen Bestellkosten pro ausgelöster Bestellung.

Die Bestellkosten beinhalten alle Kosten, die in Zusammenhang mit dem Bestellprozess stehen. Abhängig von unternehmensinternen Prozessschnittstellen können auch Kosten des internen Transports und des Einlagerungsprozesses dazu gehören. Die Anzahl der Bestellungen ist abhängig von den Bestellkosten, den *Lagerhaltungskosten*, dem Lieferbereitschaftsgrad, den evtl. bestehenden Mindestabnahmemengen, der Festlegung der benötigten Lagerkapazität z. B. in Form von Flächenbedarf und von der Intensität der Lieferantenintegration in den Beschaffungs- und Produktionsprozess.

Bestellkosten lassen sich weiter unterteilen in die *Verwaltungskosten* pro Lieferabruf. In dieser Form der Kennzahl werden die *Verwaltungskosten* auf die Anzahl der Lieferabrufe bezogen und geben so die durchschnittlichen Kosten pro Lieferabruf wieder.

Klassifizierung	A-Kennzahl	**C-Kennzahl**

2.20 Kosten pro eingehender Sendung

Formel

$$\frac{\text{Warenannahmekosten gesamt}}{\text{Anzahl eingehender Sendungen}}$$

Dimension
€/Sendung

Erläuterungen/Bewertung
Ein rein statistischer Wert sind die durchschnittlichen *Warenannahmekosten* pro eingehende Sendung.

Sie sind umso geringer, je mehr Sendungen pro Mitarbeiter in einem Betrachtungszeitraum durchgesetzt werden und damit mit der Produktivität des Wareneingangs negativ korrelieren.

Die Warenannahme verursacht durch eingesetztes Personal, Entladeequipment, eingesetzte EDV-/IT-Lösungen sowie Gebäude und Gebäudeeinrichtungen (Abschreibungen) eine Vielzahl von Kostenarten, die in den *Warenannahmekosten* zusammengefasst werden. Kosten werden auch dadurch verursacht, dass eingehende Sendungen entweder nicht entladen werden können oder auf Warteplätzen abgestellt werden müssen.
Zu den Kostenverursachern gehört auch die Warenannahmezeit, vgl. S. 48.

Klassifizierung	A-Kennzahl	**C-Kennzahl**

2.21 Durchschnittliche Entfernung Lieferanten

Formel

$$\frac{\text{Summe Distanzen Lieferanten zum Produktionswerk (km)}}{\text{Anzahl Lieferanten}}$$

Dimension
km / Lieferant

Erläuterungen/Bewertung
Der Inhalt dieser Berechnung ist die durchschnittliche Entfernung der Lieferanten. Sie kann als Grundlage für die Transportplanung bzw. die Berechnung von Lieferzeiten, Anzahl einzusetzender Transportmittel und notwendigen Lieferumfängen zur Sicherstellung einer optimalen Produktionsversorgung dienen.

Bei der Verwendung dieser Kennzahl ist zu beachten, dass z. B. mehrere Lieferantenstandorte sich in gleicher, vielleicht günstiger Entfernung im In- und Ausland befinden können, wobei zudem nicht ersichtlich wird, welcher der Standorte sich innerhalb oder außerhalb der EU befindet. Dies kann dazu führen, dass die Beschaffung von einem weiter entfernten, aber im Inland bzw. innerhalb der EU gelegenen Lieferanten durch mögliche Einsparungen bei Zöllen günstiger ist. Die durchschnittliche Entfernung enthält auch Extremwerte von besonders nah oder fern gelegenen Standorten, die in dieser Betrachtung verwischt werden. Damit ist diese Kennzahl nur für grobe Planungen oder statistische Auswertungen zu verwenden.

| **Klassifizierung** | A-Kennzahl | **C-Kennzahl** |

2.22 Anteil Büromaterial

Formel

$$\frac{\text{Beschaffungsvolumen Büromaterial}}{\text{Beschaffungsvolumen unproduktives Material}} \times 100$$

Dimension
Prozentsatz

Erläuterungen/Bewertung
Alle Artikel, die nicht Bestandteil eines Endproduktes sind, werden als unproduktives Material bezeichnet. Darunter fallen sowohl Dienstleistungen und Energie als auch Büromaterial. Die Kennzahl gibt den Anteil des Büromaterials am gesamten unproduktiven Beschaffungsvolumen an.

Wird diese Kennzahl auf das Gesamtbeschaffungsvolumen bezogen, so stehen für Outsoucing-Projekte – d.h. die Übertragung der Büromaterialbeschaffung an externe Dienstleister zur Kostenreduktion und Entlastung der Einkaufsabteilung – die notwendigen Werte kurzfristig zur Verfügung. Da im Regelfall Dienstleister eine Kostenstellenbelieferung durchführen, ergeben sich in der Praxis neben der Realisierung von Skaleneffekten auch signifikante Einsparungen.

Klassifizierung	A-Kennzahl	**C-Kennzahl**

2.23 Quote Anlieferungsformen

Formel

$$\frac{\text{Wareneingangsvolumen per Lkw/Bahn}}{\text{Gesamtbeschaffungsvolumen}} \times 100$$

Dimension
Prozentsatz

Erläuterungen/Bewertung
Der errechnete Wert gibt das Wareneingangsvolumen an, das über einen bestimmten Verkehrsträger bezogen wird.

Diese Kennzahl lässt sich aufteilen in die Anlieferung durch Fremdfirmen (Dienstleister) bzw. den eigenen Fuhrpark. Ein hoher Wert steht für eine mögliche große Flexibilität bei der Anlieferung, aber auch höherer Anfälligkeit gegenüber Störungen wie hohes Verkehrsaufkommen, Staus oder Unfälle.

Mit der Quote an Bahn-Anlieferungen wird deutlich, inwiefern ein Unternehmen nach u. U. fest vorgegebenen Zeitplänen große Volumina verarbeitet, deren Transport auch aufgrund von Abmessungen oder Gewicht, aber auch aus ökologischer Sicht kaum mit dem Lkw zu bewältigen wäre (Bsp. Stahl/Stahlblech).
Bei beiden Ausprägungen der Kennzahl ist zu beachten, dass unter Wareneingangsvolumen sowohl Gewichts- oder Volumenmaße als auch Komplettladungen verstanden werden.

Klassifizierung	A-Kennzahl	**C-Kennzahl**

2.24 Warenannahmezeit

Formel

$$\frac{\text{Warenannahmezeit gesamt (Minuten)}}{\text{Anzahl eingehender Sendungen}}$$

Dimension
Zeiteinheiten/Sendung

Erläuterungen/Bewertung
Diese Kennzahl gibt Aufschluss über die durchschnittliche Zeit, die Mitarbeiter des Wareneingangs mit der Entgegennahme, Buchung, Kontrolle und Einlagerung von Warensendungen verbringen.

Der Wert hängt stark von den Aufgaben ab, die den Mitarbeitern des Wareneingangs übertragen werden. So ist das Sammeln einzelner Auftragspositionen und Beistellung im Wareneingang mit einem höheren Aufwand verbunden als nur die reine Annahme eingehender Sendungen. Auch die Übertragung von Qualitätsprüfungen und evtl. Auswertungen durch das Personal des Wareneingangs erhöht die Bearbeitungszeit pro eingehender Sendung.
Die Warenannahmezeit zieht eine weitere Größe nach sich, die in der Kennzahl der *Verweildauer* umschrieben werden kann.

$$\frac{\text{Gesamtverweildauer im Wareneingang (Minuten)}}{\text{Anzahl Prüfpositionen}}$$

Ist diese Kennzahl hoch, ist zu erkennen, dass bei der Abwicklung des Wareneingangs u. U. Kapazitätsengpässe bestehen bzw. unproduktiv gearbeitet wird. Außerdem können möglicherweise sogenannte »Zeitfresser« unter den betrachteten Positionen ermittelt werden.

Klassifizierung	A-Kennzahl	**C-Kennzahl**

Kapitel 3

Kennzahlen der Vorratslogistik

3.1 Lagerungskosten pro Position

Formel

$$\frac{\text{Summe Lagerungskosten}}{\text{Anzahl gelagerter Positionen}}$$

Dimension
€/Position

Erläuterungen/Bewertung
Der Inhalt dieser Kennzahl setzt *Lagerungskosten* ins Verhältnis zur Anzahl der eingelagerten Positionen.

Die Lagerungskosten sind die der Lagerhaltung direkt zurechenbaren Kosten. Bei einer auf ein Jahr festgelegten Berichtsperiode ergeben die auf ein Jahr bezogenen Lagerungskosten im Verhältnis zur Summe der gelagerten Positionen einen genauen Wert der durch die Lagerung einer Position entstehenden Kosten.

Bei den Lagerungskosten finden die *Kapitalbindungskosten* keine Berücksichtigung, sodass bei einem Wirtschaftlichkeitsvergleich – der in diesem Fall die *Kapitalbindungskosten* unberücksichtigt lässt – die Kosten pro Lagerposition ermittelt und mit anderen Möglichkeiten, z. B. einer externen Lagerung, verglichen werden können. Auch im Rahmen einer Produktkalkulation liefert diese Kennzahl eine wichtige Information.

Klassifizierung	**A-Kennzahl**	C-Kennzahl

3.2 Kosten pro Lagerbewegung

Formel

$$\frac{\text{Lagerungskosten}}{\text{Anzahl der Lagerzu- und -abgänge}}$$

Dimension
€/Lagerbewegung bzw. Spiel

Erläuterungen/Bewertung
Mit dieser Kennzahl können die Kosten pro Lagerbewegung, d. h. für eine Ein- und/oder Auslagerung bestimmt werden.

Die Kosten pro Lagerbewegung beinhalten neben den *Personalkosten* auch die Kosten für Lagerequipment, also anteilige Abschreibungen und Betriebskosten. Je höher die Auslastung eines Lagersystems ist, desto geringer fallen die Kosten pro Lagerbewegung aus. Diese Kennzahl dient zur Durchführung von Wirtschaftlichkeitsvergleichen beim Einsatz automatisierter Systeme, z. B. von Regalförderzeugen.

Eine Lagerbewegung kann die Ein- und/oder Auslagerung von Paletten aus einem Hochregallager (manuell oder automatisch) bedeuten, sie kann jedoch auch einen Kommissioniervorgang – nach dem Prinzip »Mann zur Ware« – abbilden. Hierbei muss zwischen Einfach- und Doppel-Spielen unterschieden werden.

Klassifizierung	**A-Kennzahl**	C-Kennzahl

3.3 Lagerungskosten

a) Lagerplatz

Formel

$$\frac{\text{Lagerungskosten}}{\text{Anzahl Lagerplätze}}$$

Dimension
€/Lagerplatz

Erläuterungen/Bewertung
Die Kosten eines Lagers, die sich aus der Bereitstellung von Lagerkapazität und dem damit verbundenen Lagerprozess ergeben, lassen sich mit dieser Kennzahl auf einen Lagerplatz umlegen.

b) Lagerzinsen

$$\frac{\text{Durchschn. Lagerbestand x Lagerzinssatz (\%)}}{100\ (\%)}$$

Der Lagerzins gibt an, wie viel Kosten das im durchschnittlichen Lagerbestand gebundene Kapital während der durchschnittlichen Lagerdauer verursacht.

c) Lagerzinssatz

$$\frac{\text{Zinssatz (p.a.) x durchschn. Lagerdauer (Tage)}}{360\ \text{Tage}}$$

Der Lagerzinssatz zeigt, wie viel Prozent Zinsen das im durchschnittlichen Lagerbestand gebundene Kapital während der durchschnittlichen Lagerdauer – der *Verweildauer* – kostet.

Klassifizierung	**A-Kennzahl**	C-Kennzahl

3.4 Kapitalbindungskosten

Formel

$$\frac{\text{Durchschnittlicher Bestandswert}}{\text{Verweildauer (Tage) x Zinssatz (\%)}}$$

Dimension
€

Erläuterungen/Bewertung
Durch diese Kennzahl werden die durch das Ruhen der Ware bedingten *Kapitalbindungskosten* im Lager- und Produktionsbereich aufgezeigt.

Die Ausprägung der Berechnung zeigt eine direkte Abhängigkeit von der Durchlaufzeit von Waren durch den Produktionsprozess: Je länger Waren in der Produktion gelagert werden, desto mehr steigen die *Kapitalbindungskosten*.
Um diese gering zu halten, sind eine effiziente Fertigungs- und Montageorganisation sowie eine geringe bzw. optimierte Fertigungstiefe notwendig.
Allerdings darf ein Kundenauftrag durch die Disposition, z. B. durch Losgrößenoptimierung oder tief gestaffelte Stücklisten, nicht zerrissen werden.

| **Klassifizierung** | **A-Kennzahl** | C-Kennzahl |

3.5 Kommissionierkosten pro Auftrag

Formel

$$\frac{\text{Kommissionierkosten}}{\text{Anzahl Aufträge}}$$

Dimension
€/Auftrag

Erläuterungen/Bewertung
Anhand dieser Betrachtung zeigt sich, welcher Anteil an den Kommissionierkosten jeweils auf einen Kommissionierauftrag entfällt.

Personalkosten des Kommissionierbereichs fließen genauso in die Kommissionierkosten ein wie anteilige Abschreibungen auf Fördermittel und Lagereinrichtungen sowie die Betriebskosten des Lagers.

Diese Kennzahl ist abhängig von der vorgegebenen Organisation der Kommissionierung. Bei einer Umlaufkommissionierung (Prinzip: Ware zum Mann), einer großen Zahl von zu entnehmenden Positionen pro Lagereinheit bzw. einer hohen Zahl der zu bearbeitenden Aufträge fallen die Kommissionierkosten pro Auftrag geringer aus. Umgekehrt sind die Kosten pro Auftrag hoch, wenn der Kommissionierer lange Wegstrecken zurücklegen muss und nur wenige Auftragspositionen zu greifen hat (Prinzip: Mann zur Ware).

Als Abwandlung der o.g. Kennzahl zeigt folgende Art der Berechnung die durchschnittliche Anzahl an Kommissionierpositionen pro Auftrag:

$$\frac{\text{Summe Kommissionierpositionen}}{\text{Anzahl Kommissionieraufträge}}$$

Höhere Aussagekraft hat die Erweiterung der Kennzahl in »Positionen pro Arbeitsstunde und Kommissionierer«.

Klassifizierung	**A-Kennzahl**	C-Kennzahl

3.6 Wareneingangskosten

Formel

$$\frac{\text{Kosten des Wareneingangs}}{\text{Anzahl Sendungen pro Tag}}$$

Dimension
€/Sendung

Erläuterungen/Bewertung
Ein Hilfsinstrument zur Budgetierung ist die Betrachtung der durchschnittlichen Wareneingangskosten pro Sendung. Sie kann zur Budgetierung herangezogen werden, welche später in einem Soll-Ist-Vergleich überprüft werden kann. Anstelle der Einheit Sendungen können auch Positionen o. ä. gewählt werden.

Die Kennzahl dient einem Wirtschaftlichkeitsvergleich zwischen den eingehenden Sendungen. Dabei ist zu beachten, dass nur innerhalb der A-/B-/C-Teilesegmente verglichen wird. Gegebenenfalls muss eine andere Beschaffungsform gewählt werden, wenn die Kosten zu stark voneinander abweichen.

Zu den durchschnittlichen Kosten pro eingehende Sendung lässt sich auch ein Soll-Ist-Vergleich der anfallenden Kosten des Wareneingangs aufstellen:

$$\frac{\text{Ist-Kosten des Wareneingangs}}{\text{Soll-Kosten des Wareneingangs}} \times 100$$

Je geringer die Abweichung im positiven oder negativen Bereich ist, desto höher ist die Qualität des Planungssystems.

Klassifizierung	**A-Kennzahl**	C-Kennzahl

3.7 Lieferbereitschaftsgrad (Servicegrad)

Formel

$$\frac{\text{Anzahl termingerecht gelieferter Bedarfsanforderungen / Bestellungen}}{\text{Gesamtzahl Bedarfsanforderungen / Bestellungen}} \times 100$$

Dimension
Prozentsatz

Erläuterungen/Bewertung
Der Lieferbereitschaftsgrad zeigt den Anteil termingerecht erledigter Bestellungen an deren Gesamtzahl.

Der Servicegrad dient der Kontrolle der Lagerbestände und ist eine wichtige Kennzahl für die Bevorratungspolitik. Anstatt der Anzahl der betrachteten Bedarfsanforderungen kann auch deren Wert zugrunde gelegt werden. Ein Lieferbereitschaftsgrad von 100 % ist nicht grundsätzlich anzustreben. Ein Wert von 90 % bis 95 % ist gängig, da ansonsten unverhältnismäßig hohe Kosten zur Realisierung des Lieferbereitschaftsgrades entstehen.

Der Lieferbereitschaftsgrad hängt wesentlich vom notwendigen Sicherheitsbestand ab. Ein guter Lagerservicegrad kann durch Fehler bei der Verpackung oder bei der Distribution beeinträchtigt werden. Als Synonym für den Lieferbereitschaftsgrad steht oft der Lagerservicegrad:

$$\frac{\text{Gesamtzahl ab Lager erfüllter Bedarfsanforderungen}}{\text{Gesamtzahl Bedarfsanforderungen}} \times 100$$

Ein zu niedriger Wert lässt auf Probleme hinsichtlich Lagerorganisation, Ablauforganisation oder Lagerausstattung schließen. Der Lagerservicegrad soll zwar hoch sein, steht jedoch mit der Erreichung möglichst geringer *Lagerhaltungskosten* im Konflikt.

Klassifizierung	A-Kennzahl	C-Kennzahl

3.8 Lagerquote

Formel

$$\frac{\text{Durchschnittlicher Lagerbestand}}{\text{Umsatz}} \times 100$$

Dimension
Prozentsatz

Erläuterungen/Bewertung
Die Lagerquote stellt den prozentualen Anteil des wertmäßigen Lagerbestands am Umsatz dar.

Unter der Voraussetzung eines saisonalen Umsatzverlaufs (z. B. im Großhandel) dient diese Zahl zur Festlegung einer Obergrenze für den hierfür zur Verfügung zu stellenden Lagerbestand. Eine Überschreitung der Lagerquote muss dann anhand einzelner Produkte durch den Einkauf belegt werden, beispielsweise durch die Beschaffung von Postenware, durch mengenerhöhten Einkauf bei Vorliegen einer zu erwartenden Preiserhöhung oder bei Festbestellungen.

Die Lagerquote muss sich nicht nur auf den durchschnittlichen Lagerbestand beziehen, sondern hier kann z. B. auch der verfügbare Bestand als Ausgangswert angenommen werden. Keinesfalls sollte die Lagerquote in Form eines zeitlichen Werts (z. B. Reduzierung von 40 auf 20 Tage) verstanden werden, da sie immer eine beziehungslose Zahl darstellt.

Klassifizierung	A-Kennzahl	C-Kennzahl

3.9 Anteil Sicherheitsbestände

Formel

$$\frac{\text{Höhe der Sicherheitsbestände}}{\text{Gesamtbestände}} \times 100$$

Dimension
Prozentsatz

Erläuterungen/Bewertung
Sicherheitsbestände sollen Unsicherheiten im Anliefer- als auch im Nachfrageprozess abdecken. Der Anteil der Sicherheitsbestände an den Gesamtbeständen in dieser Berechnung kann deutlich machen, wie risikobehaftet die Produktion bzw. der Materialnachschub eines Unternehmens ist.
Je genauer das Planungssystem, desto niedriger kann diese Kennzahl gehalten werden. Dies erlaubt dem produzierenden Unternehmen, die Sicherheitsbestände zu reduzieren, wodurch sich Kapitalbindungs- und Lagerungskosten reduzieren lassen.

Hohe Sicherheitsbestände können in der Supply Chain zum sog. »Bullwhip-Effekt« (Peitschen-Effekt) führen. Falsche und autonom erstellte Prognosen über die Höhe der Nachfrage und Informationsasymmetrien entlang der Logistikkette führen dazu, dass auf jeder Stufe der Logistikkette die Sicherheitsbestände erhöht werden.

Die Höhe der Sicherheitsbestände ist bedeutend für die nachfolgend beschriebene Sicherheitszeit.

Klassifizierung	**A-Kennzahl**	C-Kennzahl

3.10 Sicherheitszeit

Formel

$$\frac{\text{Sicherheitsbestand (€)}}{\text{Durchschnittlicher Verbrauch (€) pro Zeiteinheit}}$$

Dimension
Zeiteinheiten

Erläuterungen/Bewertung
Die Sicherheitszeit, die sich auf den Sicherheitsbestand und den durchschnittlichen Verbrauch bezieht, ist eine Zeitspanne, mithilfe derer Störungen im Anliefer- und Fertigungsablauf abgefangen werden sollen, um vereinbarte Liefertermine nicht zu gefährden.

Je kürzer die Wiederbeschaffungszeiten mit den Lieferanten vereinbart sind, je optimierter ein Produktionssystem ist (v. a. hohe Planungsqualität), desto geringer kann der Sicherheitsbestand und somit die Sicherheitszeit gehalten werden. Je höher der durchschnittliche Verbrauch ist, desto kritischer ist ein Materialmangel und desto kleiner ist also auch die zur Verfügung stehende Sicherheitszeit.
Bei der Berechnung der Sicherheitszeit bildet der durchschnittliche Verbrauch pro Zeiteinheit eine Grundlage. Je größer jedoch die Abweichungen der einzelnen Verbrauchswerte vom durchschnittlichen Verbrauch sind, desto mehr ist die Plausibilität der Sicherheitszeit in Frage zu stellen. Daraufhin den Sicherheitsbestand zu erhöhen, reduziert zwar die Wahrscheinlichkeit von Unterdeckungen, führt jedoch gleichzeitig zu einer Erhöhung der Kapitalbindung. Hier müssen andere Wege beschritten werden als den »Bodensatz« aufzustocken (z. B. Erhöhung der Lieferzuverlässigkeit der Lieferanten durch eine verbesserte Programmplanung oder Verpflichtung der Lieferanten zu einer eigenen Lagerhaltung).

| **Klassifizierung** | **A-Kennzahl** | C-Kennzahl |

3.11 Anteil Überbestände

Formel

$$\frac{\text{Überbestände}}{\text{Gesamtbestände}} \times 100$$

Dimension
Prozentsatz

Erläuterungen/Bewertung
Ein Instrument zum Lagermanagement zeigt den Anteil vorhandener Überbestände an den Gesamtbeständen.

Überbestände können verschiedene Ursachen haben, so ist eine fehlerhafte Disposition ein möglicher Auslöser. Sollte der Vertrieb aufgrund falscher Prognosen oder unvorhergesehener Konjunkturänderungen ungeeignete Vorhersagen liefern, können sich ebenso Bestände aufbauen. Aber auch lieferantenbedingt erhöhte Mindestabnahmemengen (beim Bezug von Chargen) führen zu erhöhten Beständen. Oft bleiben auch Auslaufmodelle mancher Produkte stillschweigend im Lager zurück, bilden so Überbestände und schränken zudem die Lagerkapazität ein.

Diese Umstände führen u. U. zu Wertberichtigungen bzw. zu Verschrottungsaktionen, die zusätzliche Kosten verursachen. Der Abbau von Überbeständen stärkt die Kapitalkraft des Unternehmens und schafft im Lager Platz bzw. Raum. Um Überbestände als solche zu kennzeichnen, ist es wichtig, bei den ermittelten Teilen die Ursachen hierfür zu ermitteln.

Klassifizierung	**A-Kennzahl**	C-Kennzahl

3.12 Quote Fast / Medium / Slow Mover

a) Quote Fast Mover

Formel

$$\frac{\text{Anzahl Artikel mit Verweildauer} \leq 1 \text{ Woche}}{\text{Gesamtzahl der Artikel}} \times 100$$

Dimension
Prozentsatz

Erläuterungen/Bewertung
Diese Kennzahl gibt den Anteil der Schnelldreher am gesamten eingelagerten Sortiment an. Es handelt sich dabei um Waren, die aufgrund großer Stückzahlen und Bedarfe einen großen Durchsatz haben, was die *Umschlagshäufigkeit* erhöht. Sie haben nur eine kurze *Verweildauer* in der Logistikkette.
Die Abgrenzung der *Verweildauer* (hier angegeben mit einer Woche) zur Beurteilung ist einzelfallabhängig.

b) Quote Slow Mover
Im Gegensatz zu den Fast-Mover-Artikeln zeigt die Slow-Mover-Quote den Anteil von Waren am eingelagerten Sortiment, der in einem Betrachtungszeitraum kaum oder überhaupt nicht nachgefragt bzw. ausgelagert wird, also im Lager eine hohe *Verweildauer* (>3 Wochen) hat.

c) Quote Medium Mover
Die Gruppe der Medium Mover bildet den Bereich zwischen Fast und Slow Mover. Hier ist zu bemerken, dass die Abgrenzung hinsichtlich der *Verweildauer* von Teilen willkürlich durchgeführt werden kann.

Klassifizierung	**A-Kennzahl**	C-Kennzahl

3.13 Durchschnittlicher Lagerbestand

Formel

$$\frac{\text{Jahresanfangsbestand} + 12 \text{ Monatsendbestände}}{13}$$

Dimension
Mengeneinheiten o. Wertgröße

Erläuterungen/Bewertung
Eine klassische Logistik-Kennzahl ist der durchschnittliche Lagerbestand. Diese Kennzahl wird überwiegend als Wertgröße errechnet. Zur Berechnung können verschiedene Formeln zugrunde gelegt werden (siehe S. 134).

Der durchschnittliche Lagerbestand gibt Aufschluss über die vorliegende Kapitalbindung. Zur Vermeidung von *Lagerhaltungskosten* und insbesondere *Kapitalbindungskosten* ist dieser Wert möglichst niedrig zu halten. Dieser Auffassung steht jedoch die Forderung der Unternehmensleitung entgegen, wonach Lieferbereitschaft – und damit die notwendige Kundenorientierung – wesentlicher ist als die daraus resultierende Kapitalbindung. Dennoch ist bei einer vorgegebenen Lieferbereitschaft aus wirtschaftlichen Gründen die Kapitalbindung zu optimieren. Die Berechnung der Kennzahl bildet auch die Grundlage der Budgetierung.

| **Klassifizierung** | **A-Kennzahl** | C-Kennzahl |

3.14 Sicherheitskoeffizient

Formel

$$\frac{\text{Mindestbestand bzw. Sicherheitsbestand}}{\text{Durchschnittlicher Lagerbestand}} \times 100$$

Dimension
Mengeneinheiten

Erläuterungen/Bewertung
Der Sicherheitskoeffizient gibt das relative Verhältnis zwischen dem Sicherheitsbestand und dem durchschnittlichen Lagerbestand an und zeigt, welchen Anteil der Sicherheitsbestand am durchschnittlichen Lagerbestand aufweist. Der Sicherheitsbestand stellt sozusagen den »fixen Bodensatz« der Lagerbestände dar, der möglichst gering zu halten ist.

Sicherheitsbestände verdecken nicht nur Mängel im Produktionsablauf, sondern auch Lieferzeitüberschreitungen, evtl. Falschlieferungen und selbst Fehler in der Bestandsführung. Mit dieser Kennzahl können zu hohe (aber auch zu niedrige) Sicherheitsbestände identifiziert werden. Sicherheitsbestände sollen Risiken durch evtl. überhöhten Verbrauch und/oder Lieferzeitüberschreitungen abdecken. Tendiert eine Wiederbeschaffungszeit gegen null, so ist auch das Halten von Sicherheitsbeständen nicht angezeigt.

Klassifizierung	**A-Kennzahl**	C-Kennzahl

3.15 Durchschnittliche Lagerdauer

Formel

$$\frac{360 \text{ Tage}}{\text{Lagerumschlagshäufigkeit}}$$

Dimension
Zeiteinheiten

Erläuterungen/Bewertung
Die durchschnittliche Lagerdauer gibt Auskunft über die Situation bzw. die Entwicklung der Kapitalbindung im Lager.
Sie zeigt auf, wie lange die Vorräte – und damit auch das dafür benötigte Kapital – durchschnittlich im Lager gebunden sind. Gleichzeitig kann von dieser Kennzahl auch abgeleitet werden, wie viele Verbrauchsperioden der durchschnittliche *Lagerbestand* abdeckt.

Durch eine Reduzierung der Lagerdauer würde auch die Kapitalbindung niedriger ausfallen, was eine Verbesserung der Wirtschaftlichkeit bewirken würde. Eine kürzere Lagerdauer bedeutet also, dass die eingelagerten Materialien schneller wieder in liquide Mittel umgewandelt werden.
Dabei ist in bestimmten Bereichen nicht diese Umwidmung bedeutend. Bei Produkten mit einem festgelegten Mindesthaltbarkeitsdatum ist die *Verweildauer* eine wichtige Vergleichsgröße.

Klassifizierung	**A-Kennzahl**	C-Kennzahl

3.16 Inventurberichtigungsanteil

Formel

$$\frac{\text{Inventurdifferenz}}{\text{Durchschnittlicher Lagerbestand}} \times 100$$

Dimension
Prozentsatz

Erläuterungen/Bewertung
Diese Kennzahl ist – gleichgültig, ob permanente oder Stichtagsinventur – bedeutend für die Feststellung der Inventurdifferenzen im Vergleich zum durchschnittlichen Lagerbestand.
Wird der durchschnittliche Lagerbestand aus einer größeren Zahl von Einzelwerten gebildet, ist die Aussagekraft der Kennzahl wesentlich erhöht.

Durch den Vergleich in Zeitreihen lassen sich bei veränderten Lagerbestandswerten auch evtl. Ursachen für diese Kennzahl leichter ermitteln. Bei größeren Abweichungen im Zeitvergleich werden einzuleitende Maßnahmen z. B. Qualität der Buchungen im Wareneingang oder -ausgang oder geschlossene Lager erkennbar.

Klassifizierung	**A-Kennzahl**	C-Kennzahl

3.17 Gängigkeitsstruktur der Bestände

Formel

$$\frac{\text{Anzahl Teile ohne Bewegung}}{\text{Gesamtzahl der Teile}} \times 100$$

Dimension
Prozentsatz

Erläuterungen/Bewertung
Eine Kennzahl wie die Gängigkeitsstruktur macht deutlich, welcher prozentuale Anteil der vorhandenen Gesamtbestände bewegt, also genutzt wird.
Der nicht bewegte Teil stellt zum einen sog. Ladenhüter dar (vgl. Slow Mover S. 62, S. 136), die nicht wertschöpfend eingesetzt werden und somit Lagerplatz unnötig belegen. Außerdem ist in nicht bewegten Gütern Kapital gebunden.

Der Zeitraum für die Ermittlung der Teile ohne Bewegung ist frei definierbar. Für manche Produkte kann es jedoch Sinn machen, mehr zu beschaffen als benötigt wird, mit der Gefahr, den »Überschuss« nicht zu verwenden. Dies ist der Fall, wenn die Wiederbeschaffungszeit (z. B. bei *II-Teilen* evtl. stark schwankend) oder die Kosten für eine Nachbestellung unverhältnismäßig hoch sind.

Klassifizierung	A-Kennzahl	C-Kennzahl

3.18 Umschlagshäufigkeit

Formel

$$\frac{\text{Logistischer Output}}{\text{Durchschnittlicher Lagerbestand}}$$

Dimension
n. a.

Erläuterungen/Bewertung
Die *Umschlagshäufigkeit* gibt an, wie oft der Lagerbestand in einer betrachteten Periode komplett ein- und wieder ausgelagert wurde.

Logistischer Output ist z. B. der über ein Zentrallager getätigte Umsatz mit Ersatzteilen. Allgemein ist eine hohe *Umschlagshäufigkeit* mittels Just-in-Time-Anlieferungen bzw. Rahmenverträgen mit Lieferanten anzustreben, um die *Lagerverweildauer* und damit die Kapitalbindung gering zu halten. Eine niedrige *Umschlagshäufigkeit* ist quasi gleich gestellt mit großen Vorratsbeständen. Sie hat u. U. die Wertminderung der eingelagerten Waren durch Veralterung oder Verderb zur Folge, was Wertberichtigungen in Form von Abwertungen nach sich zieht.
Alternativ kann die *Umschlagshäufigkeit* als der Umsatz zu Verkaufspreisen abzgl. Marge in Euro bezogen auf den durchschnittlichen Lagerbestand zu Einkaufspreisen in Euro dargestellt werden. Diese Form der Darstellung unterliegt jedoch externen Einflüssen wie Rabatten und die Datenaufbereitung ist schwieriger. Die Berechnung der *Umschlagshäufigkeit* ist Basis für die Ermittlung der *Verweildauer*.

Klassifizierung	**A-Kennzahl**	C-Kennzahl

3.19 Anteil Barcode-Lieferscheine

Formel

$$\frac{\text{Anteil der Barcode-Lieferscheine}}{\text{Gesamtzahl der Lieferscheine}} \times 100$$

Dimension
Prozentsatz

Erläuterungen/Bewertung
Die Kennzahl drückt den Verwaltungsaufwand bei der Registrierung und Bearbeitung von Lieferscheinen aus.

Das Barcode-Verfahren gewährleistet einen Waren begleitenden, aber dennoch papier- und aufwandsarmen Informationsfluss. Je höher der Wert der Kennzahl ist, desto geringer ist der Verwaltungsaufwand für die Bearbeitung von papiergebundenen Lieferscheinen. Ein zu geringer Prozentsatz deutet auf Einsparungs- bzw. Rationalisierungspotenziale hin.

Moderne Systeme sehen die Generierung einer elektronischen Voranmeldung beim Empfänger vor (z. B. ASN=advanced shipping note), gegen die direkt von System zu System verbucht wird. Dadurch verliert die Erfassung anhand von Lieferscheinen an Bedeutung.

Klassifizierung	A-Kennzahl	**C-Kennzahl**

3.20 Umlagerungsquote

Formel

$$\frac{\text{Umlagerungen}}{\text{Anzahl Transportaufträge inkl. Auslagerungen}} \times 100$$

Dimension
Prozentsatz

Erläuterungen/Bewertung
Umlagerungen können sowohl innerhalb eines Lagers als auch zwischen verschiedenen Lagern bzw. Lagerorten stattfinden. Deren Anteil an allen vergebenen Transportaufträgen wird mit der angegebenen Formel berechnet.

Die Umlagerungsquote steht dabei einerseits für die Produktivität der Transportmittel im Lagerbereich, bei der ein hoher Wert anzustreben ist, um die Auslastung maximal und damit wirtschaftlich zu halten.
Andererseits deutet eine hohe Umlagerungsquote auf viele unproduktive Vorgänge hin, wenn z.B. Lagergut mit Sperrvermerk nach Festlegung der Qualitätskontrolle im Lager selbst umgelagert wird, d.h. Transportmittel werden unnötigerweise mit Umlagerungsaufgaben belastet. Eine zu hohe Umlagerungsquote bedeutet also eine unnötige Beanspruchung der innerbetrieblichen Transportmöglichkeiten.

Klassifizierung	A-Kennzahl	**C-Kennzahl**

3.21 Anteil Lagerhaltungskosten

Formel

$$\frac{\text{Summe Lagerungskosten}}{\text{Logistikkosten}} \times 100$$

Dimension
Prozentsatz

Erläuterungen/Bewertung
Die Kennzahl macht den Anteil der *Lagerungskosten* an den gesamten *Logistikkosten* deutlich.

Da die Logistik neben dem Teilprozess der Lagerhaltung noch wesentliche andere Teilprozesse (z. B. Auftragsabwicklung, interner und externer Transport, Verpackung) abbildet, können hier die direkt der Lagerhaltung zurechenbaren Kosten in eine Beziehung zu den *Logistikkosten* gesetzt werden.

Hierdurch können, falls andere logistische Teilprozesse evtl. keine Rationalisierungspotenziale erkennen lassen, auch im Benchmarking die in der Lagerhaltung vorhandenen Potenziale realisiert werden.
Durch die Erweiterung auf den Nenner »*Logistikkosten* pro Werk« lässt diese Kennzahl eine auf das gesamte Werk bezogene Betrachtung zu.

Klassifizierung	A-Kennzahl	**C-Kennzahl**

3.22 Logistikkosten pro Lagermitarbeiter

Formel

$$\frac{\text{Logistikkosten des Lagerbereichs}}{\text{Anzahl Mitarbeiter im Lager}}$$

Dimension
€/Mitarbeiter

Erläuterungen/Bewertung
Die *Logistikkosten* pro Lagermitarbeiter haben ihren Ursprung in den *Lagerungskosten* und bilden somit deren Wert bezogen auf die Anzahl von Mitarbeitern im Lagerbereich ab.

Die *Logistikkosten* pro Mitarbeiter können die Grundlage für Investitionsentscheidungen darstellen. So zeigt der berechnete Wert z. B. bei einem Wirtschaftlichkeitsvergleich, ob der Einsatz von Automatisierungstechniken sinnvoll ist.
Im Branchenvergleich können durch diese Kennzahl Rationalisierungspotenziale aufgezeigt werden. Die *Personalkosten* im Lagerbereich sind über verschiedene Branchen hinweg weitgehend identisch. Werden im Vergleich zu anderen Unternehmen unverhältnismäßig hohe Kosten festgestellt, sollte über Outsourcing nachgedacht werden.

Klassifizierung	A-Kennzahl	**C-Kennzahl**

3.23 Soll-/Ist-Vergleich Kapazitätsauslastung der Transportmittel

Formel

$$\frac{\text{Ist-Nutzung pro Zeiteinheit}}{\text{Soll-Nutzung pro Zeiteinheit}} \times 100$$

Dimension
Prozentsatz

Erläuterungen/Bewertung
Diese Kennzahl dient der Kontrolle der effektiven Abweichung von der geplanten Kapazitätsauslastung eingesetzter Transportmittel, indem die prozentuale Abweichung der Ist-Nutzung von der Soll-Nutzung pro Zeiteinheit ausgewiesen wird.

Das Ergebnis ist folglich ein Indikator für die Auslastung des Transportmittels. Somit ist die Grundlage für die Berechnung anfallender Kosten bzw. der Amortisation eines Transportmittels in einer Wirtschaftlichkeitsrechnung gegeben.

Ein unzureichender Auslastungsgrad kann die Analyse der Ablauforganisation nach sich ziehen oder zu Investitions- bzw. Desinvestitionsmaßnahmen führen. Dabei sind jedoch saisonale Schwankungen zu berücksichtigen.

Klassifizierung	A-Kennzahl	**C-Kennzahl**

3.24 Lagernutzungsgrad

a) Lagerauslastungsgrad

Formel

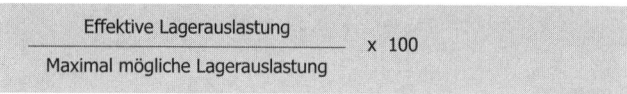

$$\frac{\text{Effektive Lagerauslastung}}{\text{Maximal mögliche Lagerauslastung}} \times 100$$

Dimension
Prozentsatz

Erläuterungen/Bewertung
Eine Kennzahl wie der Lagerauslastungsgrad gibt an, welcher Anteil des zur Verfügung stehenden Lagers genutzt wird.
Eine zu geringe Auslastung deutet auf zu hohe Kapitalbindungs- und Betriebskosten hin, die durch nicht benötigte Lagerfläche verursacht werden. Ein Auslastungsgrad von ca. 85% sollte nicht überschritten werden, um die Flexibilität des Lagers hinsichtlich nicht eingeplanter Einlagerungsaufträge bzw. Umlagerungsaktionen nicht einzuschränken. Die Kennzahl deckt also sowohl Engpässe als auch mangelnde Auslastung auf.

b) Flächennutzungsgrad

Formel

$$\frac{\text{Regalfläche}}{\text{Gesamtlagerfläche}} \times 100$$

Diese Kennzahl gibt rein die flächenmäßige Ausnutzung der Regale im Lager an. Da der Nutzungsgrad entscheidend von den gelagerten Gütern abhängt, z. B. von deren Abmessungen, sind keine allgemeingültigen Angaben über die absolute Höhe möglich. Der Wert kann jedoch Anregungen für Überlegungen zur besseren flächenbezogenen Lagerausnutzung bzw. Hinweise über nicht ausreichende Lagerflächen liefern.

Klassifizierung	A-Kennzahl	**C-Kennzahl**

3.25 Auslastungsgrad interner Transportmittel

Formel

$$\frac{\text{Effektive Fahrzeit interner Transportmittel}}{\text{Maximal mögliche Fahrzeit interner Transportmittel}} \times 100$$

Dimension
Prozentsatz

Erläuterungen/Bewertung
Diese Kennzahl setzt die tatsächliche Nutzungszeit eines internen Transportmittels prozentual in Beziehung zur maximal möglichen Einsatzzeit, also z. B. einer Schichtdauer oder einem Arbeitstag.
Das Ergebnis kann Einsparungspotenziale deutlich machen bzw. als Grundlage für die Neuplanung oder Erweiterung eines Transportsystems dienen.

Um eine hohe Reaktionsbereitschaft zu gewährleisten, ist eine Auslastung von 100 % nicht sinnvoll; ein Wert von 75 % bis 90 % ist empfehlenswert. Zudem deckt die Kennzahl Kapazitätsengpässe oder -überhänge auf, wobei jedoch deren Verteilung auf die unterschiedlichen Transportmittel nicht ersichtlich wird. Dazu wäre eine weitere Unterteilung notwendig.
Die tatsächliche Nutzungszeit wird nicht von Leerfahrten oder Fahrten zu Serviceeinrichtungen unterschieden. Dies macht eine weitere Unterteilung in Nutzung bei Last- bzw. Leerfahrten erforderlich.

Klassifizierung	A-Kennzahl	**C-Kennzahl**

3.26 Produktivität des Wareneingangs

Formel

$$\frac{\text{Anzahl der Ist-Sendungen pro Zeiteinheit}}{\text{Anzahl der Ist-Mitarbeiterstunden pro Zeiteinheit}}$$

Dimension
Sendungen/Mitarbeiterstunde

Erläuterungen/Bewertung
Diese Kennzahl gibt durch die Gegenüberstellung von bearbeiteten Sendungen pro eingesetzter Mitarbeiterstunde Aufschluss über den Arbeitsaufwand, der zur Bewältigung einer Sendung notwendig ist.
Eine zu niedrige Produktivität könnte als Ursache den Mangel an Unterstützung durch entsprechende Hilfsmittel, wie z. B. EDV-Einsatz, aufzeigen. Zudem könnte die Ablauforganisation technisch überholt sein. Der durchgängige Einsatz von Barcode-Scannern oder aber eine vollautomatische, Transponder- gesteuerte Wareneingangserfassung anstatt manueller Wareneingangskontrolle kann hier als Beispiel für die zeitgemäße Wareneingangsabwicklung dienen.

Für eine höhere Aussagekraft sollte das Gewicht oder die Packstückanzahl jeweils verglichen werden, da diese Werte den Durchsatz und damit die Produktivität beeinflussen. Mangelnde Kennzeichnung eingehender Lieferungen führt zu Zeitverlust bei der Zuordnung sowohl zum Bestimmungsort als auch – bei gleichzeitiger Anlieferung – zum entsprechenden Lieferanten. Die Vorankündigung von Lieferungen mit Unterstützung der Datenübertragung kann hier hilfreich sein.

| Klassifizierung | A-Kennzahl | **C-Kennzahl** |

3.27 Soll-/Ist-Vergleich Auslastungsgrad des Entladeequipments

Formel

$$\frac{\text{Ist-Nutzung pro Zeiteinheit}}{\text{Soll-Nutzung pro Zeiteinheit}} \times 100$$

Dimension
Prozentsatz

Erläuterungen/Bewertung
Ähnlich des Auslastungsgrades der Transportmittel zeigt diese Kennzahl das prozentuale Verhältnis zwischen tatsächlicher Nutzung der Entladeeinrichtungen, wie z. B. Fördertechnik, und der angestrebten Nutzung.

Diese Kennzahl lässt u. U. Prognosen über mögliche Stauungen und Ablaufstörungen zu. Ferner informiert sie über brachliegende oder fehlende Kapazitäten sowie die Qualität des Planungssystems. Somit stellt sie eine Grundlage für die strategische Planung dar, aufgrund derer durchzuführende Investitionen ermittelt werden.

Unberücksichtigt bleibt auch hier die Struktur der Spiele, d. h. ob Einzel- oder Doppelspiele vorliegen bzw. inwiefern sich die Nutzungszeit auf Last- oder Leerbewegungen aufteilt.

Klassifizierung	A-Kennzahl	**C-Kennzahl**

3.28 Kommissionierleistung

Formel

$$\frac{\text{Anzahl Kommissionierpositionen}}{\text{Anzahl der Arbeitsstunden}}$$

Dimension
Positionen/Zeiteinheit; Picks pro Behälter/Zeiteinheit

Erläuterungen/Bewertung
Die Kommissionierleistung gibt die Anzahl kommissionierter Positionen bezogen auf die benötigten Arbeitsstunden des Kommissionierpersonals an.

In einem Lager mit einer hohen Kommissionierleistung ist z. B. eine detaillierte Personaleinsatzplanung notwendig. Wichtig ist dabei, evtl. saisonale oder ablaufbedingte Schwankungen miteinzubeziehen. Die Kommissionier- oder auch Griffleistung muss sich dabei auf homogene Lagerzonen beziehen: Palettenlager, evtl. Durchlauflager, Handlager, Umlaufregalanlage. Unter Umständen sind zur Bewältigung kurzzeitiger Spitzenbelastungen Mitarbeiter aus weniger ausgelasteten Unternehmensbereichen (z. B. dem Wareneingang) hinzuzuziehen. Solche Situationen können z. B im Lebensmittel-Großhandel zu den Festtagen auftreten.
Für diese Betrachtung ist nicht nur die Leistung des Personals ausschlaggebend, sondern auch die technische und organisatorische Ausgestaltung der Kommissionierzone. Zudem fließt der Aufwand (z. B. Ent- oder Verpackung, Handling mit Hilfsmitteln etc.), der pro kommissionierter Position betrieben werden muss, indirekt in diese Kennzahl mit ein.

Klassifizierung	A-Kennzahl	**C-Kennzahl**

3.29 Kommissionierfehlerquote

Formel

$$\frac{\text{Anzahl fehlerhaft kommissionierter Einheiten}}{\text{Anzahl kommissionierter Einheiten}} \times 100$$

Dimension
Prozentsatz

Erläuterungen/Bewertung
Der Anteil fehlerhaft kommissionierter Einheiten an der Gesamtzahl kommissionierter Einheiten gefährdet die Kundenzufriedenheit bzw. die Produktion aufgrund von Materialengpässen und lässt sich in dieser Berechnung ermitteln.

Auftretende Kommissionierfehler können je nach Branche (z. B. Pharmaindustrie) gravierende Folgen haben. Daher empfiehlt sich eine zusätzliche Warenausgangskontrolle sowie eine intensive Mitarbeiterschulung. Eine Fehleranalyse kann beispielsweise die Erkenntnis liefern, dass vorgesehene Ladehilfsmittel nicht verwendet bzw. bei Mehrfachbelegung nicht ordnungsgemäß befüllt wurden. Abhilfe kann durch die Einführung der zweistufigen Kommissionierung geschaffen werden. Entscheidend ist auch die eindeutige Identifizierbarkeit der Kommissionierbelege. Hilfreich ist die elektronische Erfassung, Quittierung sowie Überprüfung (z. B. durch Wiegen) der Kommissionierpositionen. Bei einer hohen Fehlerquote empfiehlt sich die Überprüfung der Qualität der Kommissionieraufträge, der Qualifikation, Arbeitsbelastung und des Termindrucks der Mitarbeiter sowie der generellen Ablauforganisation. Zur Beseitigung von Kommissionierfehlern müssen zusätzliche Kapazitäten, sowohl technische als auch personelle, bereitgestellt werden.

Klassifizierung	A-Kennzahl	**C-Kennzahl**

3.30 Lagerreichweite

Formel

$$\frac{\text{Durchschnittlicher Lagerbestand (ME)}}{\text{Durchschnittlicher Verbrauch (ME) pro Zeiteinheit}}$$

Dimension
Zeiteinheiten

Erläuterungen/Bewertung
Die Lagerreichweite ist eine wichtige Kennzahl zur Bewertung der Effizienz der Warenwirtschaft. Sie gibt die Zeitdauer an, wie lange der vorhandene Bestand (durchschnittlicher Bestand bzw. verfügbarer Lagerbestand in Mengeneinheiten) aufgrund eines definierten Verbrauchs pro Zeiteinheit produziert oder ausgeliefert werden kann, ohne dass eine Nachlieferung erfolgt.

Bei der Betrachtung der Reichweite ist ein geeigneter Detaillierungsgrad zu beachten. Von der Information über die Reichweite des gesamten Lagers ist der Wert für eine Lagerzone, eine Produktgruppe oder sogar einzelner Artikel zu unterscheiden. Anstatt der Durchschnittswerte können auch aktuelle Ist-Werte verwendet werden. Es besteht eine Zielkonkurrenz zwischen hoher Versorgungssicherheit einerseits und den damit verbundenen hohen *Kapitalbindungskosten*. Es gilt, eine Veralterung des eingelagerten Materials zu verhindern sowie den frei verfügbaren Lagerplatz zu maximieren. Die Lagerreichweite kann auch für dispositive Analysen (z. B. Meldebestands- und Mindestbestandsrechnung) Verwendung finden.

| **Klassifizierung** | A-Kennzahl | **C-Kennzahl** |

3.31 Quote der R-/S-/U-Teile

Formel

$$\frac{\text{Anzahl R-/S-/U-Teile}}{\text{Gesamtzahl der Teile}} \times 100$$

Dimension
Prozentsatz

Erläuterungen/Bewertung
Durch diese Kennzahl der *R-/S-/U-Teile* wird die Verbrauchsstruktur des Teilesortiments definiert, indem die Anzahl der Teile des jeweiligen Segments prozentual an der Gesamtzahl der vorhandenen Teile gemessen wird.

Der Anteil der jeweiligen Teile-Gruppe am Gesamtsortiment erlaubt Rückschlüsse auf die Planungs- bzw. Prognosemöglichkeiten und den damit verbundenen Aufwand.

R-Teile (Teile mit regelmäßigem Verbrauchsverlauf) können z. B. langfristig geplant werden und erlauben so auch die Beschaffung über feste Rahmenverträge, während U-Teile (Teile mit einem unregelmäßigem Verbrauchsverlauf) entsprechend den gemeldeten Bedarfen auftragsbezogen beschafft werden müssen.

Klassifizierung	A-Kennzahl	**C-Kennzahl**

3.32 Durchschnittliche Wiederbeschaffungszeit

Formel

$$\frac{\text{Durchschnittliche Wiederbeschaffungszeit für III-Teile}}{\text{Durchschnittliche Wiederbeschaffungszeit}}$$

Dimension
Zeiteinheiten

Erläuterungen/Bewertung
Die durchschnittliche Wiederbeschaffungszeit gibt die Zeitspanne für die Bereitstellung von fehlenden Teilen ab Bestellauslösung an.

Wichtig ist dabei die Erfassung der Durchschnittszeit für die Bestellauslösung bzw. -abwicklung zzgl. Lieferzeit sowie durchschnittliche Zeit für Wareneingangskontrolle, Einlagerung und/oder Bereitstellung.

Hohe Wiederbeschaffungszeiten haben lange Lieferzeiten bzw. einen nicht ausreichend organisierten Materialfluss aufseiten der Lieferanten als Ursache. Die Ineffizienz der Bestellabwicklung könnte ein weiterer Grund sein. Ferner ist zu beachten, dass die durchschnittliche Wiederbeschaffungszeit zunimmt, sobald Teile nicht am bestimmten Lagerungsort eingelagert werden, sondern nach Anlieferung und Einbuchung im Wareneingang verbleiben.
Diese Kennzahl ist Grundlage für die Fertigungsplanung sowie Anhaltspunkt für die Projekttermninierung.

Klassifizierung	A-Kennzahl	**C-Kennzahl**

Kapitel 4

Kennzahlen der
Produktionslogistik

4.1 Wartezeitkosten pro Output

Formel

$$\frac{\text{Wartezeitkosten (€)}}{\text{Outputeinheit (Ausbringungsmenge)}}$$

Dimension
€/Outputeinheit

Erläuterungen/Bewertung
Ergebnis dieser Kennzahl ist die durchschnittliche Kostenbelastung einer Outputeinheit durch Wartezeiten.
Diese entstehen aufgrund von Warteschlangen vor Bearbeitungssystemen oder auch schon durch Wartezeiten bei Lkw-Anlieferung als auch bei Auslieferung.

Material, das sich in der Produktion in Wartesystemen befindet, stellt Bestand in der Produktion dar und hat somit Einfluss auf die erfassten Bestände. Man spricht hier auch von »Ware in Produktion (WIP)« oder »Work in Process«. Während der Wartezeit fallen *Kapitalbindungskosten* sowie u. U. *Opportunitätskosten* an.

Klassifizierung	A-Kennzahl	C-Kennzahl

4.2 Kostenanteil innerbetrieblicher Transport

Formel

$$\frac{\text{Kosten innerbetrieblicher Transport}}{\text{Logistikkosten pro Werk}} \times 100$$

Dimension
Prozentsatz

Erläuterungen/Bewertung
Diese Kennzahl zeigt den prozentualen Anteil der Kosten des innerbetrieblichen Transports an den gesamten *Logistikkosten*.

Der innerbetriebliche Transport stellt einen Prozess ohne *Wertschöpfung* dar. Folglich ist dessen Effizienz so hoch wie möglich zu halten. Zur verfeinerten Betrachtung der anfallenden Kosten können die *Personalkosten*, bezogen auf die Anzahl der Mitarbeiter des innerbetrieblichen Transports, im Verhältnis zu den Werklogistikkosten dargestellt werden.

Die Berechnung kann zur Verdeutlichung der Notwendigkeit von Investitionen dienen. Andererseits zeigt sich durch das Ergebnis, ob auch innerbetriebliche Transportaufgaben an einen Dienstleister abgegeben werden sollten.

Klassifizierung	A-Kennzahl	C-Kennzahl

4.3 Anteil mit Lieferanten abgestimmter Produktionsprogrammplanungen

Formel

$$\frac{\text{Abgestimmte Produktionsprogrammteile}}{\text{Gesamtes Produktionsprogramm}} \times 100$$

Dimension
Prozentsatz

Erläuterungen/Bewertung
Der Prozentsatz steht für den Anteil der mit dem Zulieferer abgestimmten *II-Teile* des Produktionsprogramms am gesamten Produktionsprogramm.

Zur Sicherstellung einer funktionierenden Supply Chain innerhalb und zwischen Unternehmen ist eine kontinuierliche Abstimmung mit Lieferanten hinsichtlich geforderter Menge und Qualität als auch Lieferterminen notwendig.

Ein zu niedriger Wert deutet darauf hin, dass mit Störungen im Produktionsablauf durch Engpässe im Materialnachschub oder zusätzlichem Verwaltungsaufwand durch neue bzw. zusätzliche Verhandlungen und Einkaufsaktivitäten zu rechnen ist.

Klassifizierung	**A-Kennzahl**	C-Kennzahl

4.4 Quote Spezialladungsträger

Formel

$$\frac{\text{Gesamtwert Spezialladungsträger}}{\text{Gesamtwert aller Ladungsträger}} \times 100$$

Dimension
Prozentsatz

Erläuterungen/Bewertung
Die Quote zeigt den prozentualen Wertanteil von Spezialladungsträgern am gesamten Ladungsträgeraufkommen.

Spezialladungsträger (SLT) werden notwendig, wenn Transportgüter aufgrund ihrer geometrischen Eigenschaften oder ihrer Anforderungen an den Schutz vor Umwelteinflüssen nicht mit genormten Ladungsträgern wie Europaletten o. Ä., transportiert werden können.
Aus dem Ergebnis der Quote lassen sich der notwendige Entwicklungsaufwand für Spezialladungsträger und die entstehenden Kosten ableiten. Daraus entstehen Sondereinzelkosten der Fertigung. Daneben gehen von SLT u. U. gesonderte Anforderungen an Fördermittel aus.

SLT sind zumeist aufgrund ihrer Spezifikation in der Verwendbarkeit für mehrere Transportgüter sowie hinsichtlich ihrer Wiederverwendbarkeit eingeschränkt. Diese Argumente zeigen, dass SLT hohe Kosten für ein Unternehmen verursachen können, was bedeutet, dass diese Kennzahl niedrig zu halten ist.

Klassifizierung	**A-Kennzahl**	C-Kennzahl

4.5 Wartungs-/Instandhaltungsquote für Transportmittel und Ladungsträger

Formel

$$\frac{\text{Wartungs- und Instandhaltungskosten}}{\text{Logistikkosten}} \times 100$$

Dimension
Prozentsatz

Erläuterungen/Bewertung
Der errechnete Prozentsatz gibt an, welcher Anteil der *Logistikkosten* durch Wartungs- und Instandhaltungskosten verursacht wird.

Ein hoher Wert deutet darauf hin, dass u. U. Neuinvestitionen bzw. Ersatz der eingesetzten Transport- und Hilfsmittel notwendig sind, um die Wartungs- und Instandhaltungskosten gering zu halten. Mit dieser Kostenart gehen auch *Opportunitätskosten* einher, da während der Stillstandszeit keine andere Nutzung möglich ist.

Eine hohe Quote zeigt, dass die Verfügbarkeit eingeschränkt ist und die Auslastung restlicher Transportmittel bzw. Ladungsträger zunimmt. Schwankungen dieses Wertes können mithilfe von Wartungsverträgen mit Dienstleistern, z. B. auch in Leasing-Modellen, entgegengewirkt werden.

Klassifizierung	**A-Kennzahl**	C-Kennzahl

4.6 Aufträge pro Transportmittel

Formel

$$\frac{\text{Summe interner Transportaufträge}}{\text{Anzahl Transportmittel}}$$

Dimension
Aufträge / Transportmittel

Erläuterungen/Bewertung
Die Transportintensität in Form der durchschnittlich anfallenden Anzahl an Transportaufträgen pro Transportmittel ist Inhalt dieser Kennzahl.

Ihre Berechnung stellt die Grundlage der Einsatzplanung pro Tag dar und zieht bei nicht vollautomatisierten Systemen die Personalplanung nach sich. Zudem kann ausgehend von diesem Wert auf die Auslastung der Transportmittel geschlossen werden.

Je nach Ausgestaltung des Transportsystems kommt dabei auch die durchschnittliche Fahrtstrecke in km bezogen auf die Anzahl der eingesetzten Transportmittel in Betracht. Diese Kennzahl kann für einzelne Förderstrecken auch zur Beurteilung der Wirtschaftlichkeit herangezogen werden.

Klassifizierung	**A-Kennzahl**	C-Kennzahl

4.7 Auslagerungszeit

Formel

$$\frac{\text{Mögliche Zeitspanne von Entnahme aus Lageranforderung}}{\text{Maximal zulässige Zeitspanne von Entnahme aus Lageranforderung}}$$

Dimension
Zeiteinheiten

Erläuterungen/Bewertung
Der Wert dieser Kennzahl basiert auf einzelnen Zeitnahmen von der Auslösung einer Auslagerung durch eine Anforderung bis zur Bereitstellung am vorbestimmten werksinternen Produktionsort.

Diese Kennzahl findet weniger Anwendung in innerbetrieblichen Prozessen als vielmehr bei der Materialbelieferung aus verteilten und weiter entfernten Lagerbereichen. Werden bei einem Energieversorgungsunternehmen selten benötigte Ersatzteile »auf der grünen Wiese« gelagert, so ist die Zeitspanne bis zur Bereitstellung des Materials am Einbau- oder Verbrauchsort wesentlich für die Einsatz- oder Montageplanung.

Die Auslagerungszeit variiert mit dem Einsatz verschiedener Fördermittel bzw. Prozessabläufe. Das Ziel sollte sein, eine gleichmäßige Verteilung der Auslagerungszeiten zu erreichen, die als Kalkulationsgrundlage für die Fertigungssteuerung genutzt werden kann. Durch die verbrauchsortsnahe Lagerung kann die Auslagerungszeit niedrig gehalten werden. Der Einsatz automatisierter Fördermittel erlaubt einen gleich bleibenden Wert.

| **Klassifizierung** | A-Kennzahl | **C-Kennzahl** |

4.8 Anteil Direktbelieferung durch Lieferanten

Formel

$$\frac{\text{Volumen Direktbelieferungen an Senke}}{\text{Gesamtanliefervolumen}} \times 100$$

Dimension
Prozentsatz

Erläuterungen/Bewertung
Der dargestellte Anteil gibt an, welcher Prozentsatz des gesamten Beschaffungs- bzw. Anliefervolumens vom Lieferanten direkt an der Senke bereitgestellt wird, ohne dass ein unternehmensinternes Wareneingangs- und Zwischenlager bereitgestellt oder ein Warenverteilzentrum miteinbezogen wird.

Die Direktbelieferung aufgrund von Rahmenverträgen erlaubt Einsparungen beim Transport- und Lagerequipment sowie beim einzusetzenden Personal. Fixkosten werden auch hier in variable Kosten umgewandelt. Voraussetzung ist, dass eine Wareneingangsprüfung aufgrund vereinbarter und gleich bleibend hoher Anlieferqualität entfallen kann.

Klassifizierung	A-Kennzahl	**C-Kennzahl**

4.9 Verschrottungsanteil

Formel

$$\frac{\text{Anzahl Verschrottungen}}{\text{Ausbringungsmenge (Outputeinheiten)}} \times 100$$

Dimension
Prozentsatz

Erläuterungen/Bewertung
Der Verschrottungsanteil macht deutlich, wie viel Prozent der Ausbringungsmenge aufgrund Unbrauchbarkeit entsorgt werden müssen.

Diese Kennzahl lässt auf die Materialqualität verwendeter Teile sowie Prozessqualität bzw. Fehlerhäufigkeit schließen. Daraus lassen sich die Fehlerkosten für das Unternehmen ableiten.
Es wird allerdings nicht ersichtlich, welche Anzahl an Verschrottungen z. B. aus Tests resultiert und somit der Produktweiterentwicklung dient. Diese Kennzahl korreliert damit positiv mit Fehler- und Fehlervermeidungskosten.
Verschrottungen können auch aus Unachtsamkeiten, Fehlern in der Handhabung und fehlender Unterweisung von Mitarbeitern im Lagerbereich resultieren. In diesem Umfeld sollte einem zu hohen Verschrottungsanteil mit Maßnahmen zur Qualitätsverbesserung entgegengewirkt werden.

Klassifizierung	A-Kennzahl	**C-Kennzahl**

4.10 Ladungsträgerkapazität

Formel

$$\frac{\text{Summe Volumen Ladegut}}{\text{Summe der Kapazität der Ladungsträger}}$$

Dimension
Mengeneinheiten

Erläuterungen/Bewertung
Der Durchschnittswert der Ladungsträgerkapazität stellt die benötigte Kapazität verteilt über eine Berichtsperiode dar.

Ausgehend vom Ladegut wird durch dessen Abmessungen bzw. Gewicht, evtl. Sperrigkeit und Handhabungsanforderungen das Ladehilfsmittel bzw. der Ladungsträger festgelegt. Der Füllgrad ist ausschlaggebend für die Anzahl eingesetzter Ladungsträger und damit für die Anzahl notwendiger Transportaufträge bzw. für die notwendige Förderleistung automatisierter Systeme (z. B. Rollenbahnen). Unberücksichtigt bleibt dabei allerdings Ladegut, das besonders große bzw. kleine Ladungsträgerkapazitäten beansprucht.

Die Berechnung kann als Grundlage zur Simulation von Transport- und Produktionsprozessen verwendet werden. Zu beachten ist, dass die Verwendung größerer Ladungsträger in Abhängigkeit vom jeweiligen Verbrauch auch größere Bestände und damit gebundenes Kapital in der Produktion bedeuten kann. Allerdings werden dadurch die Transportfrequenzen reduziert.

Klassifizierung	A-Kennzahl	**C-Kennzahl**

4.11 Zeitbedarf pro Transportauftrag

Formel

$$\frac{\text{Summe Zeitbedarfe interner Transporte}}{\text{Anzahl Transportaufträge}}$$

Dimension
Zeiteinheiten / Transportauftrag

Erläuterungen/Bewertung
Eine Produktivitätskennzahl wie der Zeitbedarf pro Transportauftrag setzt sich aus der benötigten Gesamtzeit für alle Transporte eines Betrachtungszeitraumes bezogen auf die Gesamtzahl der Transporte zusammen.

Diese Kennzahl definiert u. a. den vom Transportbereich zu beanspruchenden Vorlauf zur Abwicklung der erteilten Aufträge, z. B. bei technologisch bedingter Änderung des Produktionsprogramms.
Erfordern benötigte Produktionsumstellungen kürzere Transportzeiten, so lassen sich für explizit ausgewiesene Förderstrecken alternative Investitionsvorhaben begründen. Unbeachtet bleiben dabei aus verschiedenen Gründen besonders aufwendige Transporte, die zeitintensiver sind, bzw. solche, die schnell zu erledigen waren.
Der Zeitbedarf pro Transportauftrag hängt stark von der Art und den Spezifikationen des eingesetzten Fördermittels sowie von den möglichen mechanischen Belastungen eines Fördergutes ab.

| **Klassifizierung** | A-Kennzahl | **C-Kennzahl** |

Kapitel 5

Kennzahlen der
Distributionslogistik

5.1 Transportkosten pro Transportauftrag

Formel

$$\frac{\text{Transportkosten gesamt (€)}}{\text{Anzahl Transportaufträge (Werk)}}$$

Dimension
€/Auftrag

Erläuterungen/Bewertung
Die Kennzahl zeigt, welche Kosten durchschnittlich durch einen Transportauftrag verursacht werden.

Transportkosten entstehen für interne und externe Transporte. Transportkosten sind neben dem Fixkostenanteil abhängig von der Ausgestaltung sowie der Auslastung des Transportsystems. Dabei werden kostspielige Sonderfälle nicht berücksichtigt bzw. durch die Durchschnittsbildung geglättet.

Zur Steigerung der Aussagekraft sollte eine Differenzierung nach dem jeweiligen Verkehrsträger erfolgen. Beispielsweise kann ein Airfreight-Transportauftrag in die USA nicht mit einem Inlandversand per Paketdienst verrechnet werden.

Klassifizierung	**A-Kennzahl**	C-Kennzahl

5.2 Anteil Auftragsabwicklungskosten

Formel

$$\frac{\text{Auftragsabwicklungskosten (€)}}{\text{Umsatz (€)}} \times 100$$

Dimension
Prozentsatz

Erläuterungen/Bewertung
Der errechnete Wert zeigt den Anteil der Kosten zur Abwicklung eines Auftrages in Bezug auf den Umsatz an.

Auftragsabwicklungskosten werden durch die Tätigkeiten zur Erfüllung eines Auftrags verursacht. Darunter werden der Auftragseingang, die Auftragsbearbeitung, Materialdisposition, Produktionssteuerung, Produktion, Versand, Transport, Fakturierung und Zahlungseingang gerechnet. Darin enthalten sind auch Transferkosten, *Verwaltungskosten* sowie Löhne und Gehälter.

Für den zwischenbetrieblichen Vergleich ist es wichtig, eine einheitliche Datenbasis zu definieren, da von Unternehmen zu Unternehmen eine unterschiedliche Auffassung über die Kosten der Auftragsabwicklung besteht.

Klassifizierung	**A-Kennzahl**	C-Kennzahl

5.3 Termintreue der Transportmittel

Formel

$$\frac{\text{Anzahl Transporte mit Termineinhaltung}}{\text{Gesamtzahl der Transporte}} \times 100$$

Dimension
Prozentsatz

Erläuterungen/Bewertung
Der Prozentsatz dieser Kennzahl steht gemessen an der Gesamtzahl der Transporte für den Anteil, der termingerecht am Bestimmungsort eintrifft.

Die Berechnung kann sowohl für innerbetriebliche als auch außerbetriebliche Transportmittel durchgeführt werden.
Für diese Kennzahl ist ein Wert von 100 % anzustreben, obwohl dieser in der Praxis kaum zu erfüllen ist. Ursachen können technische Defekte, Behinderungen/Wartezeiten, Wartungsarbeiten, Sonderaufträge o. Ä. sein. Da die Zeitfenster im innerbetrieblichen Transport immer kleiner werden, ist eine hohe Termintreue zur Aufrechterhaltung nachgelagerter, störungsempfindlicher Prozesse notwendig.

Klassifizierung	A-Kennzahl	C-Kennzahl

5.4 Lieferzuverlässigkeit

Formel

$$\frac{\text{Anzahl termingerecht erfüllter Distributionsaufträge}}{\text{Gesamtzahl aller Distributionsaufträge}} \times 100$$

Dimension
Prozentsatz

Erläuterungen/Bewertung
Bei dieser Berechnung zeigt sich, wie hoch der Anteil der dem Spediteur anvertrauten Transportaufträge ist, die nicht innerhalb eines vorgegebenen Zeitfensters ausgeführt wurden.

In der Praxis ist es aufgrund der immer häufiger angestrebten »lagerlosen Fertigung« sehr bedeutend, dass Kunden nur sehr geringe oder gar keine Zeitabweichungen – weder zu frühe noch verspätete Anlieferung – akzeptieren können, wobei in vielen Fällen der Abnehmer Zeiten benennt, die schon aufgrund einer fehlerhaften Programmplanung nicht stimmig sind. Hier sollte in einer offenen Kommunikation zwischen Spediteur und seinem Kunden eine enge Abstimmung erfolgen.
Ein Dienstleister, der in Deutschland kaum innerhalb von 24 Stunden zustellen kann, könnte dabei in Schwierigkeiten kommen.

Klassifizierung	**A-Kennzahl**	C-Kennzahl

5.5 Personalkostenquote des Fuhrparks

Formel

$$\frac{\text{Personalkosten des Fuhrparks}}{\text{Personalkosten Bereich Logistik}} \times 100$$

Dimension
Prozentsatz

Erläuterungen/Bewertung
Diese Kennzahl steht für den Anteil der *Personalkosten* an den gesamten *Personalkosten* der Logistik und kann für einen Kostenvergleich innerhalb einer Branche herangezogen werden.

Unabhängig von der Größe des Fuhrparks sind die damit verbundenen *Personalkosten* von großer Bedeutung, da diese Fixkostencharakter aufweisen. Unter Umständen ist eine weitere Unterteilung in Kosten der Fuhrparkleitung, Kosten der Fuhrparkverwaltung und Fuhrparkführer sinnvoll.

Die Weiterführung dieser Berechnung bezieht die *Personalkosten* des Fuhrparks nicht nur auf die *Personalkosten* des Bereichs Logistik, sondern auf die gesamten *Logistikkosten* eines Werkes.

Klassifizierung	**A-Kennzahl**	C-Kennzahl

5.6 Distributionskostenquote

Formel

$$\frac{\text{Gesamte Distributionskosten}}{\text{Gesamte Logistikkosten}} \times 100$$

Dimension
Prozentsatz

Erläuterungen/Bewertung
Die Quote gibt den prozentualen Anteil der Distributionskosten an den gesamten *Logistikkosten* an.

Je nach Branche betragen die Kosten der Distributionslogistik zwischen 2 % bis 18 % des Umsatzes. Diese große Bandbreite ist verständlich, da die Teilprozesse der Distribution je nach Produktbeschaffenheit (Größe, Gewicht, zu klimatisierendes Produkt oder Tiefkühlprodukt, besondere Transportmittel für Be- und Entladung etc.), der Ablieferform oder der Distributionsdauer unterschiedlich sind.
Daher sind Aufwendungen für die Distribution einer Darreichungsform im Pharmagroßhandel wesentlich geringer als bei Tiefkühlkost (bei hochsommerlichen Temperaturen) oder der Belieferung eines Regionallagers mit einer Achse eines schweren Lkw. Andererseits hängt die Quote auch stark von der Art des Transportkonzepts ab.
Auch der Anteil der Distributionskosten an den *Logistikkosten* ist stark schwankend.

Klassifizierung	A-Kennzahl	C-Kennzahl

5.7 Beanstandungsquote

Formel

$$\frac{\text{Anzahl beanstandeter Lieferungen}}{\text{Gesamtzahl der Lieferungen}} \times 100$$

Dimension
Prozentsatz

Erläuterungen/Bewertung
Die Beanstandungsquote erfasst den prozentualen Anteil an Lieferungen, die aufgrund möglicher Mängel, die in der Menge, dem Liefertermin, der Qualität oder ähnlichen Kriterien bestehen können, beanstandet werden.

Ist durch das Vorliegen eines Mangels die Lieferung für den Abnehmer unbrauchbar geworden, findet oft eine Rückweisung statt. In Erweiterung zur Beanstandungsquote ergibt sich daraus die nachfolgend aufgeführte Kennzahl »Lieferverzögerungsquote«.

Bei einer zu hohen Beanstandungsquote müssen in einem ersten Schritt die dafür verantwortlichen Gründe analysiert werden. Dies können z. B. nicht sachgemäße Ladungsträger oder Verpackungsmängel sein. Gegebenenfalls müssen in einem weiteren Schritt die weiteren Teilprozesse analysiert werden.

Anstelle der Anzahl der Lieferungen kann auch deren Wert angegeben werden.

Klassifizierung	A-Kennzahl	C-Kennzahl

5.8 Lieferverzögerungsquote

Formel

$$\frac{\text{Zahl der verspätet eingetroffenen Lieferungen}}{\text{Gesamtzahl der Lieferungen}} \times 100$$

Dimension
Prozentsatz

Erläuterungen/Bewertung
Verspätet eintreffende Lieferungen lassen sich prozentual zur Gesamtzahl der Lieferungen beziffern.
Ware, die zu spät beim Kunden eintrifft, verliert für diesen u. U. erheblich oder ganz an Nutzen. Diese Qualitätskennzahl kann diesen Sachverhalt separat von der Betrachtung der mangelhaften Lieferungen transparent machen.

Die Lieferverzögerungsquote ist ein Maßstab für die Leistungsfähigkeit und damit die Lieferantenbewertung beim Kunden. Daher ist hier eine genaue Kontrolle angebracht, um einen Kundenverlust zu verhindern. Prozessschritte können dabei intern als auch beim zuständigen Spediteur zu untersuchen sein. Sollte diese Kennzahl nicht im Promille-Bereich liegen, ist ein Ersatz durch leistungsfähigere Unternehmen bzw. eine Überarbeitung des Distributionsprozesses notwendig.

Klassifizierung	A-Kennzahl	C-Kennzahl

5.9 Zurückweisungsquote

Formel

$$\frac{\text{Anzahl zurückgewiesener Lieferungen}}{\text{Gesamtzahl Lieferungen}} \times 100$$

Dimension
Prozentsatz

Erläuterungen/Bewertung
Die Zurückweisungsquote stellt den prozentualen Anteil der aufgrund von Mängeln oder Verspätung zurückgewiesenen Lieferungen an der Gesamtzahl der Lieferungen dar.

Die Anlieferung mangelhafter Artikel kann von großem Nachteil für ein Unternehmen sein und bei Unbrauchbarkeit zur Zurückweisung führen. Die Zurückweisung falscher oder fehlerhafter Lieferungen bindet Kapazitäten des Personals und verursacht zusätzliche Kosten, die durch das Personal selbst, durch fehlenden Materialnachschub oder Kundenforderungen entstehen können. Somit ist diese Quote so gering wie möglich zu halten.

Die Berechnung kann nach Falsch- oder Schlechtlieferungen und verspäteten Lieferungen bzw. Lieferungen mit Fehlmengen differenziert werden.

Klassifizierung	A-Kennzahl	C-Kennzahl

5.10 Transportmittelanteil

Formel

$$\frac{\text{Warentransportleistung des Transportmittels (tkm)}}{\text{Gesamttransportleistung (tkm)}} \times 100$$

Dimension
Prozentsatz

Erläuterungen/Bewertung
Wie bei der Anlieferung kann auch die Distribution durch verschiedene Verkehrsträger erfolgen; ihr prozentualer Anteil an der Gesamttransportleistung wird mittels dieser Kennzahl ermittelt.

Demnach können Sendungen per Lkw, Bahn und in selteneren Fällen auch per Flugzeug verschickt werden. Eine Kennzahl wie der Transportmittelanteil lässt zum einen Rückschlüsse auf anfallende Kosten zu. Zum anderen kann auf die Regelmäßigkeit des Ausstoßes geschlossen werden. Außerdem werden anfallende fixe und variable Kosten kalkulierbar.

Neben der Betrachtung in Tonnenkilometer (tkm) ist auch eine Bewertung in Geldeinheiten (€) angebracht. Dadurch werden Kostenverursacher wie die teurere – oftmals jedoch notwendige – Beförderung per Luftfracht deutlicher hervorgehoben.

Klassifizierung	A-Kennzahl	C-Kennzahl

5.11 Quote der dezentralen Lagerflächen

Formel

$$\frac{\text{Anteil der dezentralen Lagerflächen}}{\text{Gesamtlagerfläche}} \times 100$$

Dimension
Prozentsatz

Erläuterungen/Bewertung
Die Berechnung zeigt, welcher Prozentsatz an der gesamten zur Verfügung stehenden Lagerfläche dezentral liegt.

Gerne bevorzugt die Logistik zentrale Lagerflächen, da dies v. a. durch Skaleneffekte in der Beschaffung und damit niedrigerer Kapitalbindung und einer besseren Auslastung der verfügbaren Mitarbeiter im Lagerbereich einhergeht. Andererseits steigen durch eine zentrale Lagerhaltung v. a. die Distributionskosten und damit verbunden die Umweltbelastung. Zwar ist bei modernen Logistikdienstleistern eine Belieferung in Zentraleuropa innerhalb weniger als 12 Stunden möglich, dennoch ist insbesondere im Großhandelsbereich die Kundennähe, allein aus Gründen einer umfassenden Produktberatung, unerlässlich.

Ein hoher Wert steht für größtmögliche Kundennähe, aber zugleich für redundante Lagerung in Verbindung mit evtl. hohen Beständen.

Klassifizierung	**A-Kennzahl**	C-Kennzahl

5.12 Quote Direktlieferungen / Streckengeschäft

Formel

$$\frac{\text{Anzahl der Direktlieferungen}}{\text{Gesamtlieferungen}} \times 100$$

Dimension
Prozentsatz

Erläuterungen/Bewertung
Bei umschlagsstarken Warengruppen bzw. bei großen Unternehmen kann eine Belieferung direkt zum Kunden ohne die Zwischenstufe des Handels vorgenommen werden. Man spricht hier auch vom Streckengeschäft. Diese Belieferungsform erfährt einen steigenden Trend. Die Kennzahl soll dessen Anteil an allen ausgehenden Lieferungen darstellen und erlaubt eine Charakterisierung der Kundenstruktur.

In diesem Zusammenhang ist das Prinzip des »Cross Docking« zu nennen. Dabei werden Sendungen in abnehmergerechte Sendungen aufgelöst, bereits beim Lieferanten verpackt und die Lagerhaltung in Distributionszentren so vermieden. Cross Docking steht also für die Summe aller Umschlagsprozesse ohne Lagerhaltung. Durch Cross Docking lassen sich Handlingschritte sowie Verpackungsaufwand einschränken. Außerdem wird eine Transportbündelung von mehreren Lieferanten möglich.

Klassifizierung	**A-Kennzahl**	C-Kennzahl

5.13 Lieferquote nach Kundensegmentierung

Formel

$$\frac{\text{Anzahl der Belieferungen pro Zeiteinheit}}{\text{Anzahl A-/B-/C-Kunden}}$$

Dimension
Anzahl Belieferungen/Kunde

Erläuterungen/Bewertung
Aus der Berechnung der Lieferquote wird deutlich, welche Kunden, unterschieden nach ihrer Umsatzstruktur, mit welcher Häufigkeit beliefert werden.

Die Ermittlung dieser Kennzahl ist notwendig für die Durchführung der Tourenplanung und auch für die Festlegung der notwendigen Transporteinheiten (z. B. Anzahl der Rollcontainer im Lebensmittelbereich), der Volumina, z. B. pro Lkw und der Anliefermengen. Die Lagerhaltung spielt bei der Aussagekraft dieser Kennzahl eine wichtige Rolle. Nutzt das abnehmende Unternehmen eine große Lagerkapazität, ist davon auszugehen, dass die Belieferungen pro Zeiteinheit gering sind. Ferner ist zu beachten, wo sich ein Lager befindet. Ein Konsignationslager beim Abnehmer wird eine andere Belieferungsfrequenz erfahren als ein Wareneingangslager bzw. ein Abruflager beim Lieferanten.

Allgemein sollten A-Kunden häufiger beliefert werden als B- und/oder C-Kunden. Bei hochwertigen Produkten pro A-Kunden kann jedoch auch die Lieferhäufigkeit niedrig ausfallen.

Klassifizierung	**A-Kennzahl**	C-Kennzahl

5.14 Anteil Transportaufträge an Dienstleister

Formel

$$\frac{\text{Anzahl Transportaufträge an Dienstleister}}{\text{Anzahl aller Transportaufträge}} \times 100$$

Dimension
Prozentsatz

Erläuterungen/Bewertung
Der Prozentsatz gibt an, wie hoch der Anteil der Transportaufträge in einem Werk ist, der von Dienstleistern übernommen wird. Dabei kann es sich neben dem Distributionsvorgang auch um den internen Transport handeln.

Die Vergabe von Transportaufträgen an einen Dienstleister geht mit der Reduzierung von Fixkosten durch die geringere Notwendigkeit der Unterhaltung eines Fuhrparks einher. Allerdings gibt es verschiedene Gründe, warum ein Unternehmen die Auslieferung durch den eigenen Fuhrpark vornimmt. Neben der Vermeidung transportbedingter Qualitätsmängel steht oftmals die Termintreue im Vordergrund. Des Weiteren macht der Einsatz von Sonderladungsträgern oder kompletten Spezialtransportsystemen den eigenen Fuhrparkeinsatz notwendig.

Klassifizierung	A-Kennzahl	C-Kennzahl

5.15 Produktivität der Disposition

Formel

$$\frac{\text{Anzahl der disponierten Aufträge}}{\text{Anzahl der Dispositionsstunden}}$$

Dimension
Aufträge/Zeiteinheit

Erläuterungen/Bewertung
Die Produktivität der Disposition wird mittels der durchschnittlichen Anzahl disponierter Aufträge pro aufgewendete Dispositionsstunde bestimmt.

Durch Tourenplanungssysteme wird die Produktivität der Disposition ebenso unterstützt wie durch Tracking und Tracing. Die Tourenplanung bewertet eine Bewertung der einzelnen Transportaufgaben unter Berücksichtigung der Fahrzeugverfügbarkeit und sämtlicher Restriktionen.

Durch Tracking (Bereitstellung von Schnittstellen-Informationen) und Tracing (Bereitstellung von Informationen zur Dokumentation des Transportvorgangs) erfolgt eine lückenlose Abbildung des Logistikprozesses. Mithilfe dieser EDV-Unterstützung lässt sich die Produktivität der Fahrzeugdisposition erheblich steigern; die Fahrzeugkosten werden dadurch reduziert. In diese Betrachtung sollten auch die Kosten pro Dispositionsvorgang einfließen. Dazu werden die Gesamtkosten der Disposition auf die Anzahl der Dispositionsaufträge bezogen.

Klassifizierung	A-Kennzahl	C-Kennzahl

5.16 Auslieferqualität

Formel

$$\frac{\text{Anzahl der Beanstandungen}}{\text{Gesamtzahl der Distributionsaufträge}} \times 100$$

Dimension
Prozentsatz

Erläuterungen/Bewertung
Der Prozentsatz misst die Zahl der Beanstandungen an der Gesamtzahl der Auslieferungs-Transportaufträge.

Im Einzelfall sind weitere Analysen sinnvoll, um die Ursachen der Beanstandung zu ermitteln. Sind diese somit auf Terminüberschreitungen (zu spätes Verladen, verkehrsbedingte Verspätungen) oder Transportschäden (Sendungsbeschädigungen, Sendungsverluste), Fehler in der Durchführung der Verpackung, der Kommissionierung etc. sowie Ablieferhindernisse (keine Ablademöglichkeit verfügbar, Annahmeverweigerung) zurückzuführen, sollte der Distributionsprozess überprüft werden.

Die Kosten zur Vermeidung von Beanstandungen steigen ab einer bestimmten Grenze überproportional an.

Klassifizierung	A-Kennzahl	C-Kennzahl

5.17 Schadenshäufigkeit

Formel

$$\frac{\text{Wert der Transportschäden}}{\text{Gesamtzahl Sendungen}}$$

Dimension
€/Sendung

Erläuterungen/Bewertung
Die genannte Kennzahl bezieht die wertmäßigen Belastungen durch anfallende Transportschäden auf alle Sendungen einer Berichtsperiode.

Hohe Transportschäden und resultierende Kundenreklamationen haben hohe Prozesskosten durch Ersatzleistungen, zusätzliche Kapazitätsbelastung sowohl bei Anlagen als auch beim Personal sowie u. U. zusätzliche *Beschaffungskosten* zur Folge.

Um dem Recht der Kunden auf schadensfreie Lieferung nachzukommen und die Transportkosten gering zu halten, ist ein effizientes Transportsystem unter Berücksichtigung einer schonenden Handhabung und einfacherer Ladungssicherung zu gestalten. Als vorbeugende Maßnahmen sind daher entsprechende Umverpackungen, Ladehilfsmittel und Transportmittel sowie Handhabungseinrichtungen zu planen. Nicht zuletzt ist betroffenes Personal entsprechend zu schulen. Diese Argumente betreffen die Handhabung, das Verladen sowie den Transport. Hier ist gegebenenfalls auch der Spediteur in entsprechende zu ergreifende Maßnahmen miteinzubeziehen.

Klassifizierung	**A-Kennzahl**	C-Kennzahl

5.18 Lieferflexibilität

Formel

$$\frac{\text{Anzahl der erfüllten Sonderwünsche}}{\text{Gesamtzahl der Sonderwünsche}} \times 100$$

Dimension
Prozentsatz

Erläuterungen/Bewertung
Diese Kennzahl liefert wichtige Informationen über die Flexibilität der internen wie auch der externen Logistik, indem der prozentuale Anteil ermöglichter Sonderwünsche an der Gesamtzahl von Spezialaufträgen gemessen wird.

Beispielsweise kann der Spediteur in der Lage sein, eine Sonderfahrt zu realisieren, während beim Verlader aus organisatorischen Gründen keine Warenbereitstellung mehr erfolgen kann.

Eine weitere Barriere kann in einer schlechten Fahrzeugdisposition, d.h. Mangel an Transportmitteln, bestehen, verursacht durch unqualifiziertes bzw. unerfahrenes Personal oder durch fehlende EDV-Unterstützung bei der Tourenplanung.

Klassifizierung	A-Kennzahl	**C-Kennzahl**

5.19 Soll- / Ist-Vergleich Tracking und Tracing

Formel

$$\frac{\text{Ist-Anzahl der Auftrags-Statusmeldungen}}{\text{Soll-Anzahl der Auftrags-Statusmeldungen}} \times 100$$

Dimension
Prozentsatz

Erläuterungen/Bewertung
Der Soll-/Ist-Vergleich bezieht sich auf die Anzahl der nachgefragten und erledigten Statusmeldungen.

Die meisten Spediteure müssen jederzeit Auskunft über die logistischen Teilprozesse Verladung, Zwischenlagerung, Entladung, evtl. erneute Zwischenlagerung und Zustellung geben. Der Wert der Kennzahl steht synonym für die Möglichkeit eines Spediteurs, alle eingehenden Statusanfragen zeitnah zu beantworten. Welche Statusmeldungen hierbei für die Qualität der Abbildung des Distributionsprozesses notwendig sind, ist jeweils vom Einzelfall bestimmt.

Generell kann die Aussage getroffen werden, dass qualitative Unterschiede eines Tracking-und-Tracing-Systems in der Aktualität und Genauigkeit (Zwischenstationen) der übermittelten Daten bestehen.

Klassifizierung	A-Kennzahl	**C-Kennzahl**

5.20 Fuhrparkkostenanteil

Formel

$$\frac{\text{Fuhrparkkosten}}{\text{Logistikkosten}} \times 100$$

Dimension
Prozentsatz

Erläuterungen/Bewertung
Der Fuhrparkkostenanteil stellt den Anteil der Kosten zur Unterhaltung eines Fuhrparks an den gesamten *Logistikkosten* prozentual dar.

Fuhrparkkosten können ein Teil der Beschaffungs-, aber auch der Distributionskosten darstellen. Sie können einen wesentlichen Teil der *Logistikkosten* bilden, je nachdem, ob ein eigener Fuhrpark unterhalten oder ein Dienstleister beauftragt wird.
Eine Kennzahl wie der Fuhrparkkostenanteil gibt im Periodenvergleich Aufschluss über Fehlentwicklungen oder ungeplante Kostenveränderungen. Dadurch werden notwendige Korrekturen bzw. Eingriffe veranlasst.

Die Bestimmung des Anteils der *Fuhrparkkosten* dient der Preiskalkulation und Preispolitik. Außerdem kann sie als Grundlage zur Entscheidung über das Outsourcing nicht wirtschaftlicher Transportaufgaben an einen Dienstleister dienen. Grundsätzlich ist die Betrachtung von *Fuhrparkkosten* nur für Fahrzeuge gleicher Art und ähnlicher Einsatzgebiete durchzuführen.

Klassifizierung	A-Kennzahl	**C-Kennzahl**

5.21 Soll-/Ist-Vergleich Auslastung des Fuhrparks

Formel

$$\frac{\text{Ist-Auslastung Fuhrpark}}{\text{Soll-Auslastung Fuhrpark}} \times 100$$

Dimension
Prozentsatz

Erläuterungen/Bewertung
Dieses Controlling-Instrument zeigt durch die Abweichung der Ist-Auslastung von einem Sollwert Einsparpotenzial bzw. Investitionsbedarf aufgrund von Engpässen auf und informiert über die Qualität des Planungssystems.

Es ist die Aufgabe des Fuhrparkmanagements, die Fahrzeuge so einzusetzen, dass sie eine optimale Auslastung erreichen und die Rentabilität gleicher Fahrzeuge in gleichen Einsatzgebieten annähernd gleich hoch ist.
Die Kennzahl gewinnt nur an Aussagekraft, wenn der permanente Periodenvergleich Auskunft über den Erfolg von Rationalisierungsmaßnahmen und die optimale Disposition gibt.

Die Auslastung des Fuhrparks sollte sich hinsichtlich Transportvolumen und Transportintensität zwischen 85% bis 95% einpendeln. Somit ist eine sinnvolle Nutzung des eingesetzten Kapitals gewährleistet und die notwendige Flexibilität, um auf besondere Ereignisse wie z. B. saisonale Spitzen oder Sondertransporte reagieren zu können, bleibt erhalten.

| **Klassifizierung** | A-Kennzahl | **C-Kennzahl** |

5.22 Beförderungsmenge pro Lkw und Einsatztag

Formel

Zahl der beförderten Sendungen pro Lkw und Einsatztag

Dimension
Mengeneinheiten / Lkw / Tag

Erläuterungen/Bewertung
Diese Kennzahl zeigt auf, welche Menge an Sendungen pro Lkw und Tag befördert wird. Sie steht damit in Zusammenhang mit der angestrebten Auslastung der Lkw. Ferner kann sie Grund dazu sein, die Lieferfrequenz zu optimieren. Anstelle der Zahl der beförderten Sendungen können auch das beförderte Gewicht oder die gefahrenen Kilometer pro Lkw und Einsatztag berechnet werden und als Kennzahlen zur Steuerung des Fuhrparks dienen.

Klassifizierung	A-Kennzahl	**C-Kennzahl**

5.23 Gesamtbeladequote / Beladequote

Formel

$$\frac{\text{Befördertes Gewicht}}{\text{Nutzlast x Touren}}$$

Dimension
Prozentsatz

Erläuterungen/Bewertung
In Erweiterung zur Fuhrpark-Auslastung betrachtet diese Kennzahl die spezifische Auslastung der einzelnen Fördermittel, indem das beförderte Ladungsgewicht in Beziehung zur möglichen Nutzlast gesetzt wird.

Entgegen der allgemeinen Auslastung von Fördermitteln ist hier eine Quote von annähernd 100 % anzustreben, um keinen verfügbaren Laderaum pro Transport zu verschwenden. Dies bezieht sich auch auf das Ladevolumen, wodurch gleichzeitig die Ladungssicherung vereinfacht wird.

Klassifizierung	A-Kennzahl	**C-Kennzahl**

5.24 Leerkilometeranteil

Formel

$$\frac{\text{Leerkilometer}}{\text{Gesamtkilometer}} \times 100$$

Dimension
Prozentsatz

Erläuterungen/Bewertung
Eine andere Betrachtung des Auslastungsgrades kann durch Berechnung des prozentualen Anteils von Leerkilometern an der Gesamtfahrstrecke von Förder-/ bzw. Transportmitteln erfolgen.

Der Leerkilometeranteil ist pro Fahrzeug eine wichtige Richtgröße in Bezug auf die Dispositionsergebnisse. Im Fahrzeugvergleich pro Relation bzw. Verkehrsart gibt sie ferner Aufschluss über die Wahl der richtigen Fahrzeugart unter Berücksichtigung verschiedener Transportaufträge und Sendungsgrößen. Auch liefert sie Hinweise für eine optimale Tourenplanung und -kontrolle. Diese Kennzahl ist somit ein wichtiges Führungsinstrument, wobei aber auch der längerfristige Periodenvergleich anzustreben ist.

Zu unterscheiden ist eine Betrachtung pro Tour bzw. pro Berichtsperiode. Im Fall der Berichtsperiode kann keine Zuordnung der Leerkilometer zu bestimmten Touren erfolgen.

Klassifizierung	A-Kennzahl	**C-Kennzahl**

Kapitel 6

Kennzahlen der
Entsorgungslogistik

6.1 Anteil der Kosten der Entsorgung

Formel

$$\frac{\text{Entsorgungskosten}}{\text{Gesamtkosten pro Werk}} \times 100$$

Dimension
Prozentsatz

Erläuterungen/Bewertung
Bei der Berechnung dieser Kennzahl wird der prozentuale Anteil der *Entsorgungskosten* an den Gesamtkosten eines Werkes abgebildet.

Ein geringer Wert der Kennzahl kann so interpretiert werden, dass das betrachtete Unternehmen schonend mit seinen Ressourcen umgeht und diese maximal ausgenutzt werden.

Andererseits kann ein hoher Prozentsatz darauf hindeuten, dass nur geringer Aufwand für die maximale Rohstoffnutzung bzw. die Sicherstellung ökologischen Wirtschaftens betrieben wird.

| **Klassifizierung** | **A-Kennzahl** | C-Kennzahl |

6.2 Anteil der Sonderkosten der Entsorgung

Formel

$$\frac{\text{Sonderkosten}}{\text{Gesamtentsorgungskosten}} \times 100$$

Dimension
Prozentsatz

Erläuterungen/Bewertung
Der Sonderkostenanteil bildet einen Prozentsatz der Gesamtentsorgungskosten.

Bei der Transformation durch den Produktionsprozess fallen nicht verwertbare Abfälle sowie verwertbare Roh- bzw. Wertstoffe an. Teilweise können diese vom Lieferanten zurückgenommen oder durch Entsorgungsdienste beseitigt werden. Fallen jedoch außerordentliche Maßnahmen an, z. B. der Rückbau von Fertigungsanlagen o. ä., bzw. werden im Produktionsprozess besonders zu behandelnde, eventuell umweltgefährdende Stoffe verwendet, erfordern diese eine besondere Kosten verursachende Behandlung und Handhabung bei der Entsorgung.

Als Beispiel wären Altöl, Lackierrückstände oder auch beim Abriss asbestbelastete Gebäudeteile anzuführen. Dies führt zu Sonderkosten der Entsorgung. Sie sind mit besonderem Aufwand verbunden, der in solchen Fällen betrieben werden muss und wirken sich somit auf die Produktivität im Entsorgungssektor aus.

Klassifizierung	**A-Kennzahl**	C-Kennzahl

6.3 Anteil Mitarbeiter der Entsorgung

Formel

$$\frac{\text{Mitarbeiter der Entsorgung}}{\text{Anzahl Mitarbeiter der Werkslogistik}} \times 100$$

Dimension
Prozentsatz

Erläuterungen/Bewertung
Mitarbeiter der Werkslogistik, die mit Entsorgungsaufgaben beauftragt sind, stellen einen Prozentsatz dar, der mit dieser Berechnung ermittelt werden kann.

Abfälle, Wertstoffe u. Ä. können nicht unbedingt automatisiert entsorgt bzw. weiterverarbeitet werden. Dazu sind Mitarbeiter notwendig, die in dieser Zeit nicht wertschöpfend eingesetzt werden können. Darum ist ihr prozentualer Anteil niedrig zu halten.

Bei großem Entsorgungsaufwand bietet es sich an, einen Dienstleister mit diesen Aufgaben zu betrauen. Somit reduziert sich der Personalbestand und die Fixkosten des Entsorgungsaufwandes können in variable Kosten umgewandelt werden.

Klassifizierung	**A-Kennzahl**	C-Kennzahl

6.4 Anteil Entsorgungsflächen

Formel

$$\frac{\text{Entsorgungsflächen}}{\text{Gesamtwerksflächen}} \times 100$$

Dimension
Prozentsatz

Erläuterungen/Bewertung
Die Material-/Abfallentsorgung findet im Anschluss an den Produktionsprozess statt und erfordert spezielle Entsorgungsflächen. Deren Anteil an der gesamten Werksfläche kommt in dieser Kennzahl zum Ausdruck.

In Unternehmen fallen bei der Produktion verschiedener Artikel Abfälle und Wertstoffe an, die entsorgt bzw. verwertet werden müssen. Darunter fallen beispielsweise Späne, Papier oder auch Verpackungen bzw. Ladungsträger wie Container und Paletten. Nicht immer können diese produktionssynchron entfernt werden.

Die Gründe sind zum einen im Produktionsverlauf sowie zum anderen in der Wirtschaftlichkeit der Entsorgungsvorgänge oder Anbindung an Entsorgungssysteme zu finden. Zur Pufferung dienen die Entsorgungsflächen. Sie stellen keine direkt wertschöpfenden Flächen im Produktionsprozess dar, sind aber notwendig, um diesen aufrechterhalten zu können. Trotzdem gilt es, Entsorgungsflächen möglichst gering zu halten, um den Flächennutzungsgrad für Produktions-, aber auch Lagerflächen zu erhöhen.

| **Klassifizierung** | A-Kennzahl | **C-Kennzahl** |

Anhang

Definition wesentlicher Logistikkostenarten

Beschaffungskosten
Unmittelbare Beschaffungskosten hängen direkt von der Bestellmenge ab.
Einstandspreis = Marktpreis – Rabatte + Transport- und Verladekosten, Versicherungen, Zölle und Steuern

Mittelbare Beschaffungskosten sind auf innerbetriebliche Tätigkeiten im Zusammenhang mit der Beschaffung zurückzuführen (z. B. Bedarfsmeldungen, Angebotseinholung, Bestellausführung, Einlagerung).

EDI-Kosten
Kosten für Hard- und Software, um den elektronischen Datenaustausch zu ermöglichen und durchzuführen, sowie für Betrieb und Wartung des Systems.

Entsorgungskosten
Diese Kosten entstehen für das manuelle oder automatisierte Sammeln, Transportieren, Sortieren, Behandeln, Umschlagen und Lagern von Abfällen zur Beseitigung oder Verwertung durch eingesetztes Personal, sowie durch Entsorgungseinrichtungen und Einsatz von Dienstleistern.

Fuhrparkkosten
Die Fuhrparkkosten werden aufgrund einer Fuhrparkkostenstrukturanalyse erfasst. Sie bestehen aus den beschäftigungsunabhängigen Kosten (Fixkosten: Abschreibungen, Steuern, Versicherungen etc.) und den beschäftigungsabhängigen Kosten (Variable Kosten: Treibstoff, Verschleißreparaturen, Wartungskosten etc.). Im Regelfall haben die Lohn- und Lohnnebenkosten ebenfalls Fixkostencharakter genauso wie mehr als 70 % der Fuhrparkkosten.

Zu den Fuhrparkkosten zählen:
Löhne der Fahrer, Löhne sonstiger gewerblicher Arbeitnehmer und Lohnnebenkosten, Spesen für Fahrer und sonstiges gewerbliches Personal, gesetzliche soziale Abgaben für Lohnempfänger, freiwillige soziale Leistungen an Lohnempfänger, Prämien für Lohnempfänger, Fortbildungskosten, Kraftstoffverbrauch, Hof- und/oder Garagenmiete, Reparaturen, Ersatzteile, Abschreibungen, kalkulatorische Zinsen, Kfz-Versicherungen, Kfz-Steuern, Kosten der Transport- und Ladehilfsmittel, sonstige Betriebskosten.

Internet-Kosten
Diese Kostenart ist vergleichbar mit den EDI-Kosten. Zu unterscheiden ist, dass bei den Internet-Kosten neben Aufwendungen für Hard- und Software auch Kosten für einen oder mehrere Internet-Provider sowie Nutzungsgebühren

Definition wesentlicher Logistikkostenarten

durch Einwahlgebühren anfallen. Abhängig vom Datenvolumen können Gebühren auflaufen, falls kein Vertrag zum Festpreis (Flatrate) verhandelt wurde. Des Weiteren fallen Kosten für Erstellung und Pflege einer möglichen Internetseite des Unternehmens durch Angestellte oder einen Dienstleister an.

Kapitalbindungskosten
Kapitalbindungskosten stellen den Geldwert dar, der durch Vermögensgegenstände des Anlage- und Umlaufvermögens in Gebäuden, Maschinen und Material gebunden ist und somit nicht als liquide Mittel zur Verfügung steht.

Lagerhaltungskosten (LHK)
Bestehen aus den Lagerungs- und den Kapitalbindungskosten.

Zu den Lagerungskosten zählen:
Kalkulatorische Zinsen und kalkulatorische Abschreibungen auf Lagergebäude und -technik, kalkulatorische Mietkosten für eigene Lager oder Mietkosten für Fremdlagerung, Energiekosten, Personalkosten des Lagers für Bestandsverwaltung und -führung, Inventuraufnahme, Ein-, Aus- und Umlagerungen, Kommissionieren und Etikettieren etc. ohne den Anteil für Wareneingang und Einlagerung.

Zu den Kapitalbindungskosten, die einen direkten Zusammenhang mit der Bestandshöhe aufweisen, zählen:
Kosten für das gebundene Kapital in Form von kalkulatorischen Zinsen, Versicherungen, Steuern, Wertminderungen, Verschrottungen.

Logistikkosten
Betriebliche Kosten, die im Zusammenhang mit logistischen Prozessen in der Beschaffung, der Produktion und der Distribution aufzuwenden sind. Typische Beispiele sind:
Wareneingangskosten, Lagerhaltungskosten, Kosten des inner- sowie außerbetrieblichen Transports, Kosten der Auftragsabwicklung, Verpackungskosten. Berücksichtigung finden dabei alle relevanten Personal- und Sachkosten sowie kalkulatorische Kosten.

Materialflusskosten
Materialflusskosten entstehen durch die Ermöglichung des Materialflusses, d. h., sowohl Abschreibungen für Gebäude und Maschinen, Fördertechnik als auch kalkulatorische Zinsen sind zu dieser Kostenart zu rechnen. Direkt hinzuzurechnen sind Kosten für Personal sowie Betriebskosten.

Definition wesentlicher Logistikkostenarten

Opportunitätskosten
Opportunitätskosten sind Kosten, die dadurch entstehen, dass Möglichkeiten (Opportunitäten) zur maximalen Nutzung von Ressourcen nicht wahrgenommen wurden.
Allgemeiner: Opportunitätskosten stehen für den entgangenen Nutzen, der bei zwei Alternativen durch die Entscheidung für die eine und gegen die andere Möglichkeit entsteht.

Personalkosten
Lohn- und Lohnnebenkosten (Arbeitgeberanteil z. B. für Sozialversicherung). Die Personalkosten sind neben den aus einer Investition resultierenden Kosten (kalkulatorische Zinsen, Abschreibungen) der Hauptbestandteil bei Wirtschaftlichkeitsbetrachtungen. Bei der Ermittlung der Personalkosten für einen bestimmten Untersuchungsbereich ist ein Brutto/Netto-Faktor für das Personal zu berücksichtigen. Wird z. B. für einen Arbeitsplatz gemäß der zu erledigenden Arbeitsinhalte rechnerisch eine Arbeitskraft benötigt (netto), so ist dieser Platz in der Praxis mit 1,2 bis 1,4 Mitarbeitern zu besetzen (brutto). Der Mehrbedarf resultiert aus Fehlzeiten (Krankheit, Fortbildung, Urlaub) des Mitarbeiters.

Raumkosten
Zu den Raumkosten zählen:
Mieten und Pachten, Reparaturen, Versicherungen, Energiekosten, Kosten für Reinigung und Bewachung, Gebäudesteuer und -abgaben, sonstige Raumkosten.

Sonderkosten der Beschaffung
Unter Sonderkosten der Beschaffung fallen besondere Aufwendungen in Verbindung mit der Materialbeschaffung wie z. B. Expresszuschläge oder Aufschläge für besondere Verpackungen.

Verwaltungskosten
Zu den Verwaltungskosten zählen:
Porti, Telefon, Fax, Büromaterial, Werbekosten, Mieten für Büroeinrichtung, Reparaturen für Büroeinrichtung, sonstige Verwaltungskosten, Gehälter, Nebenkosten etc.

Warenannahmekosten
Verschiedene Vorgänge bei der Annahme angelieferter Waren verursachen Kosten in einem Unternehmen. Primär sind die Personalkosten für im Wareneingang beschäftige Mitarbeiter zu nennen. Daneben sind Betriebskosten des Entlade- und Lagerequipments sowie anteilige Abschreibungen und kalkulatorische Zinsen relevant. Kapitalbindungskosten entstehen durch zwischengelagerte Teile (z. B. zur Wareneingangsprüfung).

Wesentliche Logistikbegriffe

ABC-Teile
Zur Segmentierung einer Grundgesamtheit (z.B. Anzahl Teile, Lieferanten, Umschlagshäufigkeit, Zugriffshäufigkeit) nach vorgegebenen Zielen (Kapitalbindung, Bestellaufwand, Lagerhaltung) findet die ABC-Analyse Anwendung. Aus dieser lassen sich A-, B-, C-Teile oder -Lieferanten ableiten. Bedeutendstes Beispiel ist die Artikel-Umsatz-Statistik. Sie definiert, bezogen auf die Artikelsegmente A, B, C den prozentualen Anteil eines Segmentes am Beschaffungsumsatz.

So kann eine Artikel-Umsatz-Statistik erstellt werden:
- Multiplikation des Artikelpreises mit der abgesetzten Artikelmenge
- Sortierung dieser Werte in absteigender Umsatzhöhe
- Berechnung der relativen Anteile für die Artikel an deren Gesamtzahl
- Kumulieren der relativen Anteile
- Einteilung in A-, B- und C-Teile anhand von Erfahrungswerten: 80% des Gesamtumsatzes und 10% der Gesamtzahl der Artikel sind A-Teile, 15% des Gesamtumsatzes und 30% der Gesamtzahl der Artikel sind B-Teile und 5% des Gesamtumsatzes und 60% der Gesamtzahl der Teile sind C-Teile. Diese Auswertung lässt sich grafisch mit einer Lorenzkurve darstellen.

Die ABC-Analyse dient der Unterscheidung von wichtigen und unwichtigen Teilen im Beschaffungsprozess. Dadurch wird die Intensität der Beschaffungsaktivitäten für die Artikel bestimmt. Die ABC-Analyse zählt zu den Primäranalysen.

Durchschnittlicher Lagerbestand
Gemittelter Bestand über eine Periode, meist Kalenderjahr. Zur Berechnung können verschiedene Methoden zugrunde gelegt werden:

$$\frac{\text{Anfangsbestand} + \text{Endbestand}}{2}$$

$$\frac{\text{Anfangsbestand} + 12 \text{ Monatsendbestände}}{13}$$

$$\frac{\text{Summe 12 Monatsendbestände}}{12}$$

Wesentliche Logistikbegriffe

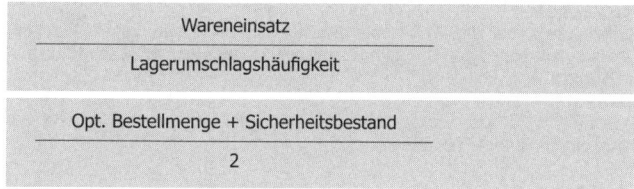

Electronic Data Interchange (EDI)
Electronic Data Interchange (EDI) ermöglicht den Informationsaustausch zur Produktionssteuerung und -versorgung, bei der ein Unternehmen über speziell eingerichteter Datenanbindungen mit seinen Lieferanten bzw. Abnehmern verbunden ist.

Mittels EDI-Konverter werden standardisierte Nachrichtenformate aus unternehmensinternen EDV-Systemen erzeugt und per Datenfernübertragung (DFÜ) ausgetauscht. Der Empfänger konvertiert das Nachrichtenformat und übergibt es an sein internes EDV-System. Gängige Standards für Nachrichtenformate sind:
- EDIFACT: Electronic Data Interchange for Administration, Commerce and Transport; branchenübergreifender Standard
- ODETTE: Organisation for Data Exchange by Tele Transmission in Europe; Standard in der Automobilindustrie
- SEDAS: Standardisiertes einheitliches Datenaustauschsystem; Standard im Handel
- VDA-Standard: Verband der deutschen Automobilindustrie

In der Praxis werden über EDI vorwiegend auftragsbezogene Daten wie Bestellungen, Lieferabrufe, Lieferscheine und Rechnungen abgewickelt. Zunehmend gewinnt auch das Web-EDI an Bedeutung. Hier erfolgt der Datenaustausch über das Internet.

Gängigkeitsstrukturen (Fast Mover, Medium Mover, Slow Mover)
Fast Mover / Schnellläufer
Artikel, welche aufgrund großer Stückzahlen und Bedarfe einen hohen Durchsatz aufweisen und dadurch häufig umgeschlagen werden. Schnellläufer besitzen eine kurze Verweildauer in der Logistikkette (Beschaffungskette) und werden durch spezielle Anlieferformen gesteuert.

Wesentliche Logistikbegriffe

Medium Mover
Artikel, die weder den Fast Movern noch den Slow Movern zugeordnet werden können, bilden den Übergangsbereich. Ihre Abgrenzung ist schwierig und willkürlich.
Slow Mover / Penner
Bezeichnung für einen Lager- oder Verkaufsartikel, der sehr wenig oder gar nicht innerhalb einer Periode nachgefragt wurde.

Internet
Das Internet (engl. Interconnected Networks) stellt die elektronische Verbindung von weltweit verteilten Rechnern dar, die die Übermittlung von Nachrichten und den Abruf gespeicherter Inhalte ermöglichen. Die Datenkommunikation erfolgt über technische Normen.

RSU-Teile
Andere Bezeichnung der XYZ-Analyse. RSU betrachtet die Verbrauchsstruktur. Wobei hier im Wesentlichen drei Gruppen unterschieden werden:
- Material mit regelmäßigem Verbrauch (Gruppe R)
- Material mit schwankendem Verbrauch (Gruppe S)
- Material mit völlig unregelmäßigem Verbrauch (Gruppe U)

Die RSU-Analyse ist eine Sekundärstatistik.

Umschlagshäufigkeit
Die Umschlagshäufigkeit gibt an, wie oft der durchschnittliche Lagerbestand eines Produktes in einer Periode einmal komplett aus dem Lager entnommen und ersetzt wurde.

Verweildauer
Die Lagerverweildauer gibt an, wie lange sich betrachtete Lagerartikel im Lager befinden. Damit ist die Verweildauer abhängig von der Lagerumschlagshäufigkeit.
Formel: Verweildauer (Tage) = 360 / Umschlagshäufigkeit

Wertschöpfung
Umsatzrelevante Leistung eines Unternehmens, z.B. in Form von Fertigung, Montage oder Dienstleistung ohne Berücksichtigung zugekaufter Materialien und Leistungen.

I-Teile
I-Teile sind verbrauchsgesteuerte, geringwertige Teile, die keine hohe Kapi-

Wesentliche Logistikbegriffe

talbindung verursachen. Ihr prognostizierter bzw. durchschnittlicher Periodenbedarf ist die Grundlage für die Planung des Produktionsprogramms solcher Teile. Für I-Teile wird ein Sicherheitsbestand entsprechend dem geforderten Lieferbereitschaftsgrad und der entsprechenden Kapitalbindung ermittelt. Der Meldebestand sorgt für die Bedarfsauslösung.

II-Teile
Plangesteuerte Teile mit hoher Wertigkeit stellen besondere Anforderungen an die Produktionsprogrammplanung. Die hohe Wertigkeit der II-Teile führt dazu, dass höchstens ein geringer Lagerbestand gehalten wird. Da die Durchlaufzeit solcher Teile meist größer ist als ihre Wiederbeschaffungszeit, muss eine exakte Planung der Bereitstellungstermine erfolgen, d.h., sie werden so eingeplant, dass sie zu dem Zeitpunkt, an dem die Produktionsprogrammplanung einen Kundenauftrag erwartet, bereitstehen.

III-Teile
Auftragsgesteuerte, hochwertige Güter, die einer JIT-Steuerung unterliegen, werden als III-Teile bezeichnet. Die Planung dieser Teile geht grundsätzlich vom Bedarfstermin aus, welcher sich aus vorliegenden Kundenaufträgen ergibt. Für solche Teile werden stets Ressourcen vorgehalten und auf Engpässe untersucht, um bei Auftragseingang eine sofortige Einplanung zu ermöglichen. Die Bedeutung der III-Teile ist so hoch, dass Engpassuntersuchungen Grundlagen für Investitionsentscheidungen bilden können.

Stichwortverzeichnis

Stichwortverzeichnis

ABC-Analyse	38, 134	Beschaffungsvolumen	28, 31, 32, 34, 38, 39, 46
ABC-Teile	134		
Ablauforganisation	20, 57, 73, 76, 79	Bestand	34, 41, 58, 80, 85, 134
Anliefervolumen	92	Bestellkosten	43
ASN	69	Bestellungen	37, 43, 57
Auftragsabwicklungskosten	100	Betriebskosten	52, 55, 74, 131, 132, 133
Auftragseingang	100, 137	Bevorratungspolitik	57
Auslagerungszeit	91	Büromaterial	46, 133
Auslandseinkaufsquote	30	Cross Docking	110
Auslastung	52, 70, 73, 75, 89, 90, 99, 109, 119, 120, 121	Dienstleistungen	19, 32, 39, 40, 46
		Direktbelieferung	92
Auslastungsgrad	73, 74, 75, 77, 121, 122	Disposition	26, 54, 61, 113, 119
Automatisierungsgrad	34	Distribution	57, 104, 108, 132
Barcode	69, 76	Distributionskosten	104, 109, 118
Baugruppen	29, 38	Durchlaufzeit	54, 137
Beanstandungsquote	105	Durchschnittlicher Lagerbestand	58, 63, 64, 66, 68, 134
Beförderungsmenge	120		
Beladequote	121	EDI-Kosten	131
Beschaffung	21, 25, 26, 27, 33, 34, 38, 39, 42, 45, 58, 81, 109, 131, 132, 133	Eilbestellungen	37
		Einkaufskonditionen	30
		Electronic Data Interchange (EDI)	26, 34, 135
Beschaffungskosten	17, 25, 26, 27, 28, 115, 131	Entladeeinrichtungen	77
		Entsorgungsaufwand	127
Beschaffungspolitik	28, 33	Entsorgungsflächen	128
Beschaffungspreis	30	Entsorgungskosten	125, 131
Beschaffungsumsatz	28, 134	Fehlerkosten	93

Stichwortverzeichnis

Stichwort	Seiten	Stichwort	Seiten
Fertigungsplanung	82	Kundenreklamationen	115
Fixkostendegression	25	Kundenzufriedenheit	79
Flächennutzungsgrad	74, 128	Ladehilfsmittel	79, 94, 115, 131
Fördermittel	35, 55, 88, 91, 95, 121	Ladungsträger	10, 27, 35, 88, 89, 94, 105, 128
Fuhrpark	47, 103, 112, 118, 119, 120, 121	Lagerauslastungsgrad	74
Fuhrparkkosten	118, 131	Lagerbestand	53, 58, 63, 64, 65, 66, 68, 80, 134, 136, 137
Fuhrparkkostenanteil	118	Lagerequipment	52, 92, 133
Fuhrparkmanagement	119	Lagerhaltung	109, 128
Handhabung	27, 93, 115, 126	Lagerhaltungskosten (LHK)	43, 57, 63, 71, 132
Inlandseinkaufsquote	30	Lagerkapazität	43, 53, 61, 111
Instandhaltungskosten	89	Lagerreichweite	80
Internet	34, 135, 136	Lagerservicegrad	57
Internet-Kosten	131	Lagerungskosten	18, 51, 52, 53, 59, 71, 72, 132
Investitionen	21, 77, 86		
Investitionsbedarf	119	Lagerverweildauer	68, 136
Investitionsentscheidungen	72, 137	Lagerzonen	78, 80
I-, II-, III-Teile	67, 82, 87, 136, 137	Lean Production	34
JIS	35, 36	Lieferabrufe	42, 43, 135
JIT	35, 137	Lieferbereitschaft	18, 63
Kapazitätsauslastung	73	Lieferbereitschaftsgrad	43, 57, 137
Kapitalbindung	18, 20, 60, 63, 65, 68, 109, 136, 137	Lieferquote	111
		Lieferverzögerungsquote	106
Kapitalbindungskosten	51, 54, 63, 80, 85, 132, 133	Lieferzuverlässigkeit	60, 102
Kommissionierpositionen	55, 78, 79	Logistikkosten	17, 19, 20, 71, 72, 86, 89, 103, 104, 118, 132
Kommissionierung	55, 79, 114		

Stichwortverzeichnis

Lorenzkurve	38, 134	Tourenplanung	111, 113, 116, 122
Mindestabnahmemengen	43, 61	Tracking und Tracing	113, 117
Nutzungsgrad	74	Transport	17, 27, 40, 43, 47, 71, 86, 95, 100, 101
Nutzungszeit	75, 77		
Opportunitätskosten	85, 89, 133		
Personaleinsatzplanung	78		
Personalkosten	52, 55, 72, 86, 103, 132	Transportauftrag	95, 99
		Transportintensität	90, 119
		Transportkosten	99, 115
Personalplanung	90	Transportmittelanteil	108
Produktivität	21, 28, 42, 44, 70, 76, 113, 126	Überbestände	61
		Umlagerungsquote	70
		Umschlagshäufigkeit	62, 68, 134, 136
Programmplanung	18, 60, 102		
Prozesskosten	17, 115	Verkehrsträger	47, 99, 108
Qualitätsprüfungen	48	Verpackung	27, 57, 71, 78, 114, 128, 133
R-/S-/U-Teile	81, 136		
Reaktionsbereitschaft	75	Versand	17, 100
Schlechtlieferungen	41, 107	Verschrottungsanteil	93
Schnelldreher	62	Verweildauer	48, 53, 54, 62, 65, 68, 135, 136
Sicherheitsbestand	57, 60, 64, 135, 137		
		Volumeneffekte	37
Sicherheitskoeffizient	64	Warenannahmekosten	44, 133
Skaleneffekte	28, 46, 109	Warenannahmezeit	44, 48
Sonderladungsträger	112	Warenausgangskontrolle	79
Spezialladungsträger	88	Wareneingang	41, 44, 48, 56, 66, 76, 78, 82, 132, 133
Stammlieferanten	29, 31		
Teilesegment	38, 56		
Termintreue	30, 101, 112	Wertverzehr pro Mitarbeiter	26
Terminüberschreitungen	114	Wertschöpfung	18, 19, 30, 39, 86, 136

Stichwortverzeichnis

Wiederbeschaffungszeit	60, 64, 67, 82, 137
Zentrallager	68
Zurückweisungsquote	107

Literaturverzeichnis

Arnolds, H., Heege, F., Tussing, W.	»Materialwirtschaft und Einkauf«, 10. Auflage, Wiesbaden 1998, Gabler
Bichler, K., Beck, M.	»Beschaffung und Lagerhaltung im Handelsbetrieb«, Teil 1, 2. Auflage, Wiesbaden 1987, Gabler
Bichler, K., Beck, M.	»Beschaffung und Lagerhaltung im Handelsbetrieb«, Teil 2, 2. Auflage, Wiesbaden 1991, Gabler
Bichler, K., Gerster, W., Reuter, R.	»Logistik-Controlling mit Benchmarking«, Wiesbaden 1994, Gabler
Bichler, K., Kalker, P., Wilken, E.	»Logistikorientiertes PPS-System«, Wiesbaden 1992, Gabler
Bichler, K., Lörsch, W.	»Optimale Bestandsplanung im Handel«, Stuttgart 1985, Kohlhammer
Bichler, K., Krohn, R.	»Beschaffungs- und Lagerwirtschaft«, 8. Auflage, Wiesbaden 2001, Gabler
Bracht, U.	Online: »http://www.imab.tu-clausthal.de/files/anlagenprojektierung/aktuelles/Ansaetze_und_Methoden_der_Digitalen_Fabrik_ende.pdf« 05.01.2003
Davidow, W. H., Malone, M. S.	»Das virtuelle Unternehmen«, 2. Auflage, Frankfurt 1996, Campus-Verlag
Hanke, K.	»Einkaufsdisposition mit Datenverarbeitung«, Ehningen bei Böblingen, 1990, Expert-Verlag Taylorix-Fachverlag
Ihde, G. B., Eicher, K., Hallbauer, A., Knödel, W.	»Distributions-Logistik«, Stuttgart 1980, Fischer
Ihde, G. B.	»Transport, Verkehr, Logistik«, 3. Auflage, München 2001, Vahlen
Jünemann, R.	»Materialfluss und Logistik«, Berlin 1989, Springer

Literaturverzeichnis

Kluck, D.	»Materialwirtschaft und Logistik«, Stuttgart 2002, Schäffer-Poeschel
Kopsidis, R. M.	»Materialwirtschaft«, München 1993, Hanser
Kortschak, B.	»Vorsprung durch Logistik«, Wien 1992, Service-Fachverlag
Melzer-Ridinger, R.	»Materialwirtschaft«, 2. Auflage, München 1991, Oldenbourg
Oeldorf, G., Olfert, K.	»Materialwirtschaft«, 11. Auflage, Ludwigshafen 2004, Kiehl
Schulte, C.	»Logistik«, 3. Auflage, München 2005, Vahlen
Syska, A.	»Kennzahlen für die Logistik«, Berlin 1990, Springer
Tiefenbrunner, M.	»Chefinformationen aus dem Logistik-Controlling-Center (LCC)«, Köln 1992, Verlag TÜV Rheinland
Vry, W.	»Beschaffung und Lagerhaltung«, 6. Auflage, Ludwigshafen 2002, Kiehl
Weber, J., Kummer, S.	»Logistikmanagement«, Stuttgart 1994, Schäffer-Poeschel
Weber, J.	»Logistik-Controlling«, 3. Auflage, Stuttgart 1993, Poeschel
Weber, R.	»Zeitgemäße Materialwirtschaft mit Lagerhaltung«, 8. Auflage, Ehningen bei Böblingen 2006, Expert-Verlag

Impressum

© **cometis publishing GmbH & Co. KG**
Unter den Eichen 7, 65195 Wiesbaden.
Alle Rechte vorbehalten.

1. Auflage 2007

Idee:
Michael Diegelmann

Konzeption:
Ulrich Wiehle, Prof. Dr. Klaus Bichler

Autor:
Prof. Dr. Klaus Bichler

Cover:
cometis publishing GmbH & Co. KG

Projektleitung:
Ulrich Wiehle

Verantwortlich:
cometis publishing GmbH & Co. KG
Unter den Eichen 7
65195 Wiesbaden

Tel.: 0611 205855-0
Fax: 0611 205855-66
Mail: info@cometis.de
www.cometis.de
www.cometis-publishing.de

Leseproben

Leseprobe: Kennzahlen Dictionary

Eigenkapitalquote

Formel

$$\frac{\text{Eigenkapital}}{\text{Gesamtkapital}} \times 100\%$$

Rechenbeispiel

$$\frac{5.493}{10.134} \times 100\% = \mathbf{54{,}20\,\%}$$

Erläuterung

Die Eigenkapitalquote beschreibt die Beziehung zwischen Eigen- und Gesamtkapital. Je mehr Eigenkapital ein Unternehmen zur Verfügung hat, desto besser ist in der Regel die Bonität eines Unternehmens, desto höher ist die finanzielle Stabilität und desto unabhängiger ist das Unternehmen von Fremdkapitalgebern. Da Eigenkapital jedoch teurer ist als Fremdkapital (vgl. auch WACC, S. 228), belastet eine hohe Eigenkapitalquote die Rendite auf das eingesetzte Kapital. Für die Berechnung des Gesamtkapitals kann entweder die Bilanzsumme oder aber, wie von Finanzanalysten insbesondere für die Berechnung der Kapitalkosten üblich, nur die Summe aus Eigenkapital und zinstragendem Fremdkapital genommen werden.

Vorteile	Nachteile
• Stellt Art und Zusammensetzung des Kapitals dar	• Stark branchen- und bewertungsabhängig
• Einfach zu ermitteln	• Stille Reserven schmälern den tatsächlichen Wert des Eigenkapitals
• Dient zur Ermittlung der Verschuldung (Fremdkapitalquote) und lässt Rückschlüsse über die Stabilität eines Unternehmens zu	• Bilanzielle Werte stehen heute zunehmend den häufig genutzten Marktwerten gegenüber (z. B. Nutzung der Marktkapitalisierung anstelle des bilanziellen Eigenkapitals für Errechnung der Kapitalkosten)
• Im Industrievergleich hilfreich als Indikator für die relative, finanzielle Stärke eines Unternehmens	

Leseprobe: Kennzahlen Dictionary

Equity ratio

Formula

$$\frac{\text{Total equity}}{\text{Total capital}} \times 100\%$$

Sample calculation

$$\frac{5{,}493}{10{,}134} \times 100\% = \mathbf{54.20\%}$$

Explanation

The equity ratio describes the relationship between equity and total capital or total shareholders' equity and liabilities. As a rule, the more equity a company has available the better its credit-worthiness, the higher its financial stability and the more independent the company is from lenders. However, as equity is more expensive than debt (see also WACC, page 229), a high equity ratio depresses the return on capital employed. When calculating the equity ratio, we can either use total capital or, as generally practiced by financial analysts in particular when calculating the costs of capital, only use the sum of total equity and interest-bearing debt.

Advantages	Disadvantages
• Shows the type and composition of capital	• Depends heavily on industry and valuations
• Easy to calculate	• Hidden assets reduce the actual value of equity
• Serves to calculate the debt level (leverage) and allows assumptions to be made about a company's stability	• Balance sheet figures are now often being replaced by frequently used market values (e.g., use of market capitalization instead of balance sheet equity to calculate costs of capital)
• Helpful in same-industry comparisons as an indicator for a company's relative financial strength	

Leseprobe:
Praxis-Leitfaden Corporate Finance

Einführung

Im Rahmen einer Eigenkapitalfinanzierung wird dem Unternehmen über eine Kapitalerhöhung neues Eigenkapital zugeführt, welches die Kapitalbasis des Unternehmens stärkt. Dies kann entweder über den öffentlichen oder den privaten Kapitalmarkt geschehen. Zu den Motiven zählen:

- Kapitalbeschaffung für zukünftige Investitionen (Primärziel)
- Diversifikation der Finanzierungsquellen
- Stärkung der Eigenkapitalbasis, ggf. zur Verbesserung der Kreditkonditionen bzw. Erweiterung der Fremdkapitalkapazitäten

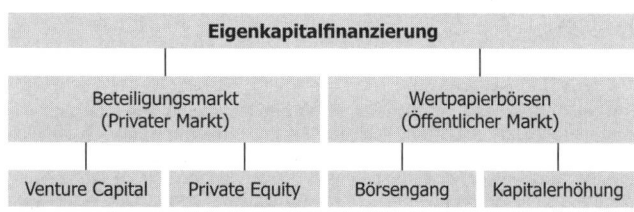

Abbildung 21: Struktur des Eigenkapitalmarktes

	Privater Markt	**Öffentlicher Markt**
Vorteile	<ul><li>Hohe Flexibilität hinsichtlich der Vertragsgestaltung</li><li>Geringere Transaktionskosten</li><li>Keine Publizitätspflichten</li><li>In junger Unternehmensphase meist einzige Finanzierungsmöglichkeit</li></ul>	<ul><li>Zukünftige Kapitalaufnahme wird erleichtert</li><li>Öffentliches Interesse</li><li>Diversifikation der Anteilseigner</li><li>Möglichkeit, Mehrheitsbeteiligung zu behalten (Familienunternehmen)</li></ul>
Nachteile	<ul><li>Eingeschränkte Fungibilität der Anteile</li><li>Häufig starke Einflussnahme des Investors auf Geschäftsführung</li><li>I.d.R. Beteiligung auf Zeit (vier bis zehn Jahre)</li></ul>	<ul><li>Umfangreiche Publizitätspflichten</li><li>Hohe Transaktionskosten sowie Folgekosten durch Börsennotiz</li><li>Abhängigkeit von der Kapitalmarktentwicklung</li><li>Zeitliches Engagement des Vorstandes notwendig (Roadshows)</li></ul>